le pacs juridique et pratique

Gérard Bach-Ignasse | Yves Roussel

le pacs juridique et pratique

100 questions/réponses

Préface de Catherine Tasca

DENOËL
IMPACTS

9, rue du Cherche-Midi, 75006 Paris
ISBN 2.207.24881.X
B 24881.1

Sommaire

Préface

Certaines lois, plus que d'autres, engagent de véritables réformes. C'est le cas de celle instituant le Pacte civil de solidarité. Et certaines réformes, plus que d'autres, deviennent symboliques et constituent alors aux yeux de ceux qui y sont favorables des évolutions fondamentales, mais aux yeux de leurs opposants de dangereuses révolutions. C'est le cas de celle créant le pacs. Je n'en avais pourtant pas complètement conscience en m'engageant personnellement dans le processus législatif qui devait conduire à la naissance du pacs. Sans imaginer que ce dossier serait particulièrement facile, sans doute ai-je alors un peu sous-estimé les résistances qu'il rencontrerait. C'est que cette réforme avait pour moi la force de l'évidence.

Élue le 17 juin 1997 présidente de la commission des Lois, je me trouvais de fait saisie de toutes les propositions de lois déposées qui revenaient à cette commission, dont celle sur le contrat d'union civile et sociale du groupe RCV, celle sur le contrat d'union sociale du groupe socialiste et celle relative aux droits des couples non mariés du groupe communiste. Interrogée sur l'avenir de ces propositions de lois la veille de la Gay Pride, je répondais déjà : « Le CUCS n'est pas une solution de remplacement [au mariage] mais une novation juridique. [...] Nous veillerons à ce que la commission des Lois traite le champ d'application du CUCS de la manière la plus ouverte qui soit [1]. » En septembre, je choisissais une démarche tranquille et pragmatique en confiant à deux parlementaires qui avaient déjà beaucoup travaillé sur ce sujet, Jean-Pierre Michel et Patrick Bloche, le soin d'élaborer, en concertation avec les ministères concernés, un texte faisant la synthèse des différentes propositions de lois. Certains ont alors regretté que le gouvernement ne se saisisse pas directement de cette question en déposant lui-même un projet de loi. Des opposants à cette réforme, de ceux qui ne voient partout que malignité voire complot, ont cru pouvoir y déceler le manque de courage du gouvernement qui aurait ainsi souhaité faire passer ce texte en catimini, lui évitant le passage par le Conseil d'État et l'adoption en Conseil des ministres. C'était oublier que depuis 1991 des parlementaires, épaulés par des associations, réfléchissaient et avaient rédigé plusieurs propositions. Il m'a donc semblé naturel que le Parlement conserve l'initiative sur ce dossier. Cela n'impliquait aucune difficulté technique supplémentaire puisque les députés bénéficiaient évidemment pour leur travail, outre l'excellente expertise juridique des services de l'Assemblée, de l'appui des ministères concernés. Le travail pouvait alors s'affiner. Huit mois plus tard, fin mai 1998, nous rendions publique la proposition de loi relative à ce qui était devenu le Pacte civil de solidarité. La procédure parlementaire à proprement parler ne commença quant à elle que fin septembre 1998. L'adoption du pacs en quatrième et dernière lecture à l'Assemblée le 13 octobre 1999 marquait son achèvement. Le rappel de ces quelques éléments de calendrier permet de vérifier que le pacs n'a pas eu un parcours parlementaire exceptionnel. Si plusieurs années furent nécessaires pour aboutir à une rédaction juridiquement solide, ces mêmes années auront sans doute permis que s'affirme encore un peu plus, dans l'opinion publique comme dans celle des députés, la nécessité d'une telle législa-

1. *Libération*, 28 juin 1997.

tion. Mais une seule année, et à peine plus d'une session, aura donc suffi à notre Parlement pour adopter le pacs. Peu de textes sont adoptés plus rapidement. Beaucoup demandent plus de temps. N'en déplaise à ses plus virulents opposants, le pacs, dans sa méthode comme dans ses objectifs, s'est bien situé du côté de la « normalité ».

Pourquoi aurait-il fallu qu'il en soit autrement ? Révolutionnaire, ce pacs ? Était-ce si incroyable d'imaginer une nouvelle forme de contrat permettant à deux personnes vivant ensemble d'organiser leur vie commune ? Était-ce si fou de souhaiter permettre à l'une d'elles de devenir l'ayant droit de celle qui est assurée sociale, de lui permettre de conserver après la disparition de son partenaire le bail du logement qu'ils ont occupé ensemble, d'abaisser pour la personne survivante les droits de succession, de leur autoriser une déclaration fiscale unique et ce seulement à compter de la troisième année du pacs ? Était-ce si révolutionnaire d'imaginer que ce contrat puisse faciliter le séjour du partenaire étranger ou faciliter le rapprochement de deux partenaires fonctionnaires ? Était-ce si dangereux de créer une nouvelle forme de contrat d'union comme l'avaient déjà fait, ou étaient en train de le faire, de nombreux autres pays européens ?... Car, d'un certain point de vue, le pacs n'est bien que cela : de nouveaux droits, et qui sont souvent modestes. Alors pourquoi les forces les plus réactionnaires du pays se sont-elles déchaînées contre ce texte ? Parce que le pacs est en fait bien plus qu'une collection de petits droits matériels. Le pacs a su incarner la reconnaissance d'un droit fondamental. Il s'agit, au-delà du droit à la différence, du droit à une véritable reconnaissance. La reconnaissance des couples qui ne veulent pas se marier et celle de ceux, homosexuels, qui ne peuvent pas se marier. À n'en pas douter, c'est bien cette double reconnaissance qui heurta certains. Cela impliquait en effet que le mariage ne reste plus, à l'aube du XXIe siècle, l'unique possibilité de sécuriser juridiquement la vie d'un couple. Et cela signifiait surtout qu'après 1982, date à laquelle l'homosexualité cessait d'être un délit, les couples homosexuels sortaient enfin de l'ombre pour n'être plus seulement « tolérés » mais reconnus et donc acceptés. Que dans notre code Napoléon qui revendiquait ignorer les concubins car les concubins auraient ignoré la loi, que dans notre ordre juridique contemporain les unions homosexuelles trouvent enfin leur place, là est le plus important progrès réalisé par le pacs.

J'ai été déçue que l'ensemble de la droite se réunisse dans une absurde bataille d'obstruction contre le pacs. Suivant les plus réactionnaires d'entre eux, certains allant jusqu'à évoquer la zoophilie ou à brandir une bible dans l'hémicycle, ils se laissèrent entraîner vers des raisonnements et des arguments d'un autre âge que l'on aurait aimé ne plus entendre. La droite a manqué de courage. Il n'en fallait pourtant pas tant pour défendre ce projet. Elle aura donc manqué le pacs. Je laisse juges ses propres sympathisants. Le pacs existe, là est l'essentiel. C'est l'honneur de la gauche plurielle d'avoir mené à bien cette réforme.

Le livre de Gérard Bach-Ignasse et Yves Roussel rapporte utilement et avec une précision bienvenue ce qu'est le pacs, le pourquoi et le comment de sa « naissance ». Que ses auteurs me le pardonnent, mais j'aimerais qu'il soit déjà un vieux livre d'histoire, l'histoire ancienne d'un nouveau droit de la personne. L'histoire toute simple d'une nouvelle liberté fondée sur les principes d'égalité et de solidarité. Je me plais à imaginer quelques jeunes adolescents découvrant ce livre au fond d'une bibliothèque, tournant ses pages un peu jaunies. J'aperçois déjà leur surprise de découvrir qu'il aura fallu tant d'heures de débats et tant de nuits blanches à notre Parlement pour adopter le pacs. Parions que certaines résistances à ce texte, quand elles ne leur feront pas honte, les feront alors sourire. Dans l'hémicycle de l'Assemblée, sur le banc de la commission des Lois, c'est aux sourires incrédules de cette jeunesse que j'ai le plus souvent pensé. Ces sourires seront le signe d'une vraie victoire pour le pacs. Celle qui, demain encore plus qu'aujourd'hui, lui garantira la force de l'évidence, celle de la liberté.

CATHERINE TASCA,
ancienne ministre, députée,
présidente de la commission des Lois
à l'Assemblée nationale.

Introduction

Le pacs (pacte civil de solidarité) est une reconnaissance de la diversité des modes de vie, un élément de modernisation de la société française. Nombreuses et nombreux sont celles et ceux qui se sont intéressés au débat. Elles et ils veulent savoir où l'on en est depuis l'adoption du pacs par le Parlement, comprendre ce qu'est vraiment le pacs.

Couples homosexuels et hétérosexuels, couples de solidarité : à qui s'adresse le pacs ? Comment contracter un pacs ? Où ? Quelles sont les conséquences pour la vie commune, la Sécurité sociale, le travail, l'argent, le logement, les rapports au fisc... ? Quel est le régime des successions et donations ? Quelle est la place des enfants dans le pacs ? Comment prend fin un pacs ?

Ce livre répond tout d'abord, de manière simple et précise, aux cent questions concrètes que l'on peut se poser à propos du pacs. Il présente également l'idée directrice qui a servi de base pour élaborer le pacs, les discussions et réalisations intervenues dans les autres pays et les acteurs du débat français. Le rôle des précurseurs, des gays, de l'opinion, des partis politiques, des syndicats, des experts, des religions, est analysé.

Dans ce cadre, l'action du Collectif national pour le contrat d'union sociale et le pacs a été déterminante. On voit comment la réflexion des homosexuels et des lesbiennes, à qui la société refusait toute reconnaissance de leurs couples, a rejoint les questions sur le concubinage hétérosexuel et certaines cohabitations.

Sont également décrites ici les étapes du processus d'adoption du pacs avec tous leurs rebondissements. Depuis les premières réunions jusqu'à l'adoption définitive du texte, presque une décennie aura été nécessaire pour aboutir. Le pacs est le fruit d'une démarche tout à fait novatrice dans l'histoire des mœurs.

Cette novation est aussi celle du langage. On aura noté que le terme pacs est entré dans le langage courant (et les dictionnaires) avant même que le Parlement n'ait fini d'adopter la proposition de loi concernée. Malgré toutes les outrances d'un débat où l'on a accusé le pacs de vouloir détruire la famille, la société française a compris que le pacs ne remettait en cause aucune solidarité, qu'au contraire il était un élément de renforcement du lien social. En ce sens, le pacte civil de solidarité porte bien son nom. Le sigle « pacs » a été construit par homophonie avec le mot latin *pax* qui signifie : la paix. Ce sigle est maintenant devenu un nom commun. C'est pourquoi nous l'employons sans majuscule dans ce livre. Les partenaires du pacs seront-ils dans l'avenir désignés comme « pacsés » ? Certains nous ont proposé le terme de copacs, que l'on peut employer aussi bien au féminin qu'au masculin. Tout semble possible et c'est justement l'intérêt du pacs de susciter l'inventivité.

Avec le pacs, la société française connaît une évolution non négligeable dans la prise en compte de la pluralité des relations interpersonnelles. Distinct du mariage, comme du concubinage, le pacs offre un cadre nouveau aux personnes qui ont un projet commun de vie. Cette invention juridique permet de répondre à des aspirations qui n'étaient pas prises en compte jusque-là.

Couples homosexuels et lesbiens, couples hétérosexuels et couples de solidarité n'ont sans doute pas les mêmes références, les mêmes représentations symboliques, les mêmes identités. Mais à ceux qui le veulent, sans que personne n'y soit contraint, le pacs permet d'envisager une relation dans la durée, dans un cadre contractuel, de manière simple et qui respecte chaque personne. En ce sens, le pacs fait progresser l'égalité, la fraternité (et la sororité !) au sein de la société française.

PREMIÈRE PARTIE
Le pacs en cent questions

Les cent questions

Pourquoi le pacs ?

1. À quoi sert le pacs ?
2. Le pacs est-il un mariage pour homosexuels ?
3. Le pacs est-il destiné à remplacer le mariage ?
4. Le pacs est-il plus avantageux que le mariage ?
5. Pourquoi un couple hétérosexuel préférerait-il le pacs au mariage ?
6. Pour faire des enfants, vaut-il mieux être marié ou pacsé ?
7. Le pacs est-il différent du concubinage ?
8. Le pacs est-il plus avantageux que le concubinage ?
9. Le pacs est-il destiné à remplacer le concubinage ?
10. Le pacs ne favorise-t-il pas l'instabilité des couples ?
11. Un couple homosexuel est-il « obligé » de se pacser pour obtenir des droits ?
12. Le pacs contribue-t-il à la reconnaissance sociale des homosexuels ?
13. Le pacs va-t-il faire reculer l'homophobie ?
14. Le pacs peut-il modifier les rapports de famille ?
15. Y a-t-il à l'étranger des institutions équivalentes au pacs ?

Qui peut contracter un pacs ?

16. Y a-t-il des conditions de sexe pour contracter un pacs ?
17. Combien de partenaires peut-il y avoir dans un pacs ?
18. Y a-t-il un âge minimum pour pacser ?
19. Faut-il être de nationalité française pour pacser ?
20. Le pacs donne-t-il le droit de séjour en France pour un étranger ?
21. Puis-je passer un pacs avec mon père, ma mère, mon grand-père, ma grand-mère ?
22. Puis-je passer un pacs avec mon frère ou ma sœur ?
23. Puis-je passer un pacs avec un oncle ou une tante, un neveu ou une nièce ?
24. Puis-je passer un pacs avec un cousin ou une cousine ?
25. Puis-je passer un pacs si je suis déjà marié ?
26. Puis-je passer plusieurs pacs en même temps ?
27. Faut-il habiter ensemble pour passer un pacs ?

Comment contracter un pacs ?

28. Où peut-on contracter un pacs ?
29. Quelles sont les modalités pratiques ?
30. Que faut-il faire figurer sur la convention organisant la vie commune ?
31. Cette convention est-elle irrévocable ? Peut-on la modifier ?
32. Quelles sont les conséquences de la déclaration du pacs au tribunal d'instance ?

La vie commune

Sécurité sociale et prestations sociales

33. Quels sont les avantages du pacs en matière d'assurance-maladie ?

34. Le pacs permet-il la réversion en matière d'assurance-vieillesse ?

35. Le pacs change-t-il la situation des partenaires au regard des allocations familiales ?

36. Le fait de vivre en pacs modifie-t-il quelque chose pour l'attribution du Revenu minimum d'insertion ?

37. Le pacs a-t-il des incidences pour l'attribution de l'allocation d'adulte handicapé ?

38. Le pacs change-t-il quelque chose pour l'allocation de soutien familial versée au parent isolé ?

39. Le versement de l'allocation de veuvage est-il affecté par la signature d'un pacs ?

Le travail

40. Quelle est la situation des pacsés pour les périodes de vacances ?

41. Un(e) partenaire du pacs a-t-il (elle) droit à une autorisation d'absence en cas de décès de son (sa) partenaire ?

42. Les dispositions du code du travail relatives au conjoint s'appliquent-elles au partenaire du pacs si l'un est le salarié de l'autre ?

43. Le partenaire du pacs peut-il obtenir un rapprochement s'il est fonctionnaire ?

L'argent

44. Quel est le régime des dépenses pour les partenaires du pacs ?

45. Les pacsés peuvent-ils avoir un compte joint à la banque ?

46. Qui doit payer les factures de loyer, d'EDF... ?

47. Que se passe-t-il pour des dépenses exceptionnelles ?

48. Les partenaires du pacs peuvent-ils souscrire une assurance-décès réciproque ?

49. Un(e) partenaire du pacs peut-il (elle) désigner son (sa) partenaire comme bénéficiaire d'une assurance-vie ?

50. Vivre en pacs peut-il conduire à la suppression de certaines indemnités ou allocations du fait de la prise en compte des revenus communs ?

Le logement

51. Les partenaires du pacs doivent-ils avoir le même domicile ?

52. Les partenaires du pacs peuvent-ils louer ensemble leur logement ?

53. Un propriétaire peut-il exercer son droit de reprise au profit de son (sa) partenaire dans le pacs ?

54. Que se passe-t-il en cas d'abandon du domicile par un partenaire du pacs ?

55. Que se passe-t-il en cas de décès d'un partenaire ?

56. Qui paye la taxe d'habitation sur le logement commun ?

57. Peut-on acquérir un logement en copropriété dans le pacs ?

58. Peut-on acquérir un bien en tontine dans le cadre du pacs ?

59. Qui doit payer les taxes foncières sur le logement ?

60. Que se passe-t-il en cas de décès d'un partenaire ?

Le fisc

61. Les pacsés forment-ils un foyer fiscal ?

62. Comment se passent les relations avec l'administration fiscale ?

63. Que se passe-t-il en cas de rupture du pacs ?

64. Que se passe-t-il en cas de décès d'un des partenaires ?

65. Que se passe-t-il si les pacsés se marient ensemble ?

66. Pour l'impôt sur le revenu, qui sera gagnant ?

67. Dans quels cas l'imposition sur le revenu ne changerait-elle rien ?

68. Dans quels cas l'imposition commune sur le revenu sera-t-elle défavorable ?

Donations et successions

69. Dans quelles conditions puis-je faire des cadeaux à mon (ma) partenaire dans le pacs ?
70. Comment se fait une donation ?
71. Quelles sont les limites aux donations dans le pacs ?
72. Dans quels cas ai-je intérêt à faire une donation à mon (ma) partenaire ?
73. Mon (ma) partenaire dans le pacs sera-t-il mon héritier si je meurs ?
74. Comment faire un testament ?
75. Puis-je léguer tous mes biens à mon (ma) partenaire dans le pacs ?
76. Y aura-t-il des droits de succession à payer par mon (ma) partenaire ?

Les enfants

77. La conclusion d'un pacs modifie-t-elle les droits attachés à la famille et aux enfants ?
78. Un enfant né de parents pacsés a-t-il les mêmes droits qu'un enfant né de parents mariés ?
79. Un enfant né dans le cadre d'un pacs a-t-il plus de droits qu'un enfant né d'un couple de concubins ?
80. Comment établit-on le lien de filiation dans le cadre d'un pacs ?
81. Comment reconnaître son enfant ?
82. Quel nom va porter l'enfant né dans le cadre d'un pacs ?
83. Qui exerce l'autorité parentale sur l'enfant né dans le cadre d'un pacs ?
84. Quel est l'effet de la rupture du pacs sur l'exercice de l'autorité parentale ?
85. Un couple pacsé peut-il adopter ?
86. Est-ce qu'un homme ou une femme pacsé(e) avec une personne de même sexe peut adopter un enfant ?

87. Un couple pacsé peut-il bénéficier de la procréation médicalement assistée ?

88. Une femme pacsée avec une autre femme pourra-t-elle bénéficier de la procréation médicalement assistée ?

89. La situation sur les filiations adoptives et la procréation médicale assistée peut-elle évoluer ?

La rupture du pacs

90. Dans quels cas est-il mis fin au pacs ?

91. Que se passe-t-il si les deux partenaires sont d'accord pour rompre ?

92. Quelles sont les conséquences de la rupture dans ce cas ?

93. Que se passe-t-il si un(e) seul(e) des partenaires veut rompre ?

94. Quelles sont les conséquences de la rupture unilatérale ?

95. Que se passe-t-il en cas de mariage ?

96. Quelles sont les conséquences du mariage ?

97. Que se passe-t-il en cas de mise sous tutelle d'un partenaire ?

98. Quelles sont les conséquences de la rupture due à une mise sous tutelle ?

99. Que se passe-t-il en cas de décès d'un(e) partenaire ?

100. Quelles sont les conséquences du décès d'un(e) partenaire ?

Pourquoi le pacs ?

1. À quoi sert le pacs ?

Le pacs, pacte civil de solidarité, est une sécurité juridique offerte à deux personnes ayant un projet commun de vie. C'est un contrat qui permet d'organiser la vie commune de ces deux personnes : il précise certains engagements pris l'une envers l'autre, et les relations avec le reste de la société.

2. Le pacs est-il un mariage pour homosexuels ?

Ce sont des militants d'associations homosexuelles qui ont été les premiers à proposer de nouvelles solutions juridiques pour résoudre les problèmes rencontrés par les couples qui ne voulaient pas ou ne pouvaient pas se marier. Ces solutions sont applicables à tous les couples, qu'ils soient hétérosexuels ou homosexuels. Il ne s'agit donc pas d'un mariage, ni pour les uns ni pour les autres.

3. Le pacs est-il destiné à remplacer le mariage ?

Le pacs est différent du mariage, à la fois sur le plan juridique et sur le plan symbolique. Sur le plan juridique, les droits et les devoirs des pacsés sont différents de ceux des conjoints. Sur le plan symbolique, la société donnera sans doute des significations différentes au pacs et au mariage. Au demeurant, la création du pacs n'abolit pas l'inégalité d'accès au mariage autorisé aux couples hétérosexuels, mais pas aux couples homosexuels.

4. Le pacs est-il plus avantageux que le mariage ?

Globalement, on peut considérer que le pacs présente moins d'avantages financiers ou moins d'automaticité que le mariage, dans tous les droits afférents à la succession, à la fiscalité, au droit de séjour. En revanche, la rupture d'un pacs est moins traumatisante, moins contraignante et moins chère que celle d'un mariage : une procédure de divorce nécessite forcément le recours à un avocat et à un juge, alors que leur intervention peut être évitée dans le cas de la rupture d'un pacs.

5. Pourquoi un couple hétérosexuel préférerait-il le pacs au mariage ?

De nombreux couples hétérosexuels refusent d'inscrire leur relation dans le cadre du mariage. Certains d'entre eux peuvent trouver dans le pacs un cadre plus adapté au caractère qu'ils souhaitent donner à leur relation, et plus respectueux de leur choix.

Parce que son histoire diffère de celle du mariage, le pacs donne en effet une signification originale à la relation qu'il encadre. Même si l'institution du mariage a évolué, son passé est celui d'un sacrement irréversible et inégalitaire entre hommes et femmes. Le pacs est défini dès son origine comme un lien plus souple et plus contractuel que le mariage, absolument égalitaire entre les partenaires et respectueux d'un éventuel désir de rupture.

6. Pour faire des enfants, vaut-il mieux être marié ou pacsé ?

Du point de vue des enfants, et à l'exception des enfants adultérins, les droits seront équivalents, que leurs parents soient concubins, pacsés ou mariés. Du point de vue des parents, l'exercice de l'autorité parentale est identique, à condition que père et mère soient d'accord.

La seule différence notable avec le mariage est alors la suivante : dans le cas d'un pacs, la reconnaissance de la paternité suppose un acte volontaire, une déclaration, alors qu'elle est automatique dans le cas du mariage. Les enfants nés dans le mariage sont appelés « enfants légitimes », les enfants nés hors mariage sont appelés « enfants naturels ».

7. Le pacs est-il différent du concubinage ?

Oui. La visée du pacs et celle du concubinage sont différentes. La discussion sur le pacs a permis une définition législative du concubinage qui est désormais la suivante : « Le concubinage est une union de fait, caractérisée par une vie commune présentant un caractère de stabilité et de continuité entre deux personnes, de sexe différent ou de même sexe, qui vivent en couple. » Ainsi, le concubinage se trouve reconnu aussi bien pour les couples hétérosexuels qu'homosexuels. Le pacs implique une reconnaissance civile par l'État de la relation des partenaires et des droits et devoirs plus nombreux qui sont précisés ci-après.

8. Le pacs est-il plus avantageux que le concubinage ?

Les droits afférents au concubinage ont été définis progressivement et ne présentent pas le même caractère de stabilité que ceux qui existent dans le pacs. Par exemple, dans le concubinage, l'imposition commune ou les taux favorables s'appliquant aux droits de succession sont inexistants.

9. Le pacs est-il destiné à remplacer le concubinage ?

On peut vivre en union libre, en entretenant une relation stable comparable à celle d'un couple marié, sans pour autant se pacser ni se marier. La possibilité de se pacser, pas davantage que la possibilité de se marier, ne fait disparaître cette notion de concubinage. Au contraire, l'existence du pacs peut dans un proche avenir élargir la notion de concubinage qui est pour l'instant défini par imitation du mariage.

Si l'on compare la situation juridique des concubins et celle des contractants d'un pacs, on constate que les droits dont bénéficient les copacs résultent d'un engagement préalable, dont découlent certains automatismes. Pour bénéficier de droits qui sont d'ailleurs moins nombreux, les concubins doivent apporter au coup par coup les preuves de leur situation.

10. Le pacs ne favorise-t-il pas l'instabilité des couples ?

Le pacs permet, au contraire, à ceux qui ne peuvent ou ne veulent se marier de trouver un cadre contractuel qui officialise leur relation. Le pacs n'a pas pour objectif d'inciter ou de contraindre des partenaires pacsés à le rester contre leur volonté.

Le pacs traduit en quelque sorte la neutralité de la société à l'égard de la stabilité d'un couple. C'est une différence de principe importante par rapport au mariage. Lors d'une procédure de divorce, le juge envisage d'abord de réconcilier les conjoints. Socialement et culturellement, le divorce est vécu comme un échec, voire comme une faute. La signification symbolique du mariage est celle d'une relation unique qui dure. Symboliquement, le pacs correspond davantage au constat que la nature des relations humaines peut évoluer au cours d'une vie, et qu'il est possible de faire confiance à la volonté de chacun.

11. Un couple homosexuel est-il « obligé » de se pacser pour obtenir des droits ?

Jusqu'à l'adoption du pacs, la vie commune n'était pas source de droits pour deux concubins homosexuels. C'était une différence notable avec les concubins hétérosexuels, qui se sont vu reconnaître progressivement un certain nombre de droits. Mais la création du pacs s'est accompagnée de l'application de la notion de concubinage aux homosexuels.

Dans l'immédiat, un couple homosexuel a intérêt à se pacser, s'il veut organiser de manière globale les aspects essentiels de la communauté de vie. En revanche, il n'est pas indispensable de signer un pacs lorsqu'on est engagé dans une relation peu durable, qui n'a pas d'incidence sur les dépenses et les actes de la vie courante, ou sur la possession commune de biens.

12. Le pacs contribue-t-il à la reconnaissance sociale des homosexuels ?

Pendant les années 80, les discriminations légales fondées sur l'orientation sexuelle des individus ont disparu, et l'homosexualité a été de mieux en mieux acceptée par la société. Lors de la décennie 90, les associations homosexuelles ont mis l'accent sur la nécessité d'une plus grande visibilité de l'homosexualité, afin de neutraliser certains mécanismes de honte et de stigmatisation. Cet effort de visibilité s'est accompagné d'une demande de reconnaissance des comportements homosexuels par l'État et la société.

Le pacte civil de solidarité prend en compte cette demande de reconnaissance. Certes, ce n'est pas un statut légal qui définit la relation homosexuelle. Mais la volonté du législateur s'est clairement exprimée : ce statut est destiné à répondre, entre autres situations, aux problèmes rencontrés par les couples homosexuels, dont l'existence a ainsi été reconnue juridiquement.

Le débat politique qui a entouré la création du pacs a longuement évoqué la place de l'homosexualité dans notre culture et notre société. Il ne s'est pas limité à la seule question de l'organisation de la vie commune ; de nouveaux débats se sont ouverts, par exemple la question des projets parentaux de couples homosexuels. La question de l'homosexualité a donc obtenu une complète reconnaissance politique.

Enfin, l'invention du pacte civil de solidarité est une contribution originale des homosexuels à la collectivité nationale. Le rôle du mouvement social initié et animé par les associations homosexuelles a été déterminant dans cette évolution du droit français qui bénéficie désormais à tous nos concitoyens. C'est sans doute l'élément le plus favorable à la reconnaissance sociale des homosexuels, et à un respect accru de leurs modes de vie.

13. Le pacs va-t-il faire reculer l'homophobie ?

Il existe des lois protégeant les personnes contre les discriminations liées aux mœurs. Mais le débat politique consacré à la création du pacs a permis de constater la persistance d'une certaine hostilité à l'égard du choix de vie des homosexuels. L'idée d'une législation spécifique qui sanctionnerait le délit d'homophobie fait depuis lors son chemin. Cependant, le droit ne règle pas tout. On sait par exemple que beaucoup de jeunes homosexuels souffrent des réactions négatives de leur famille. L'engagement dans un pacte civil de solidarité pourra peut-être convaincre des proches rétifs qu'il peut exister un sentiment amoureux solide entre deux personnes de même sexe. D'autres persisteront sans doute dans leur incompréhension : ainsi, que l'on soit pacsé ou non, la famille n'est pas tenue de recevoir la compagne ou le compagnon, pas plus qu'elle n'est tenue de recevoir l'épouse ou l'époux de son enfant, s'il est marié.

14. Le pacs peut-il modifier les rapports de famille ?

Le pacs a peu d'effets juridiques sur les familles d'origine des deux partenaires. Signer un pacs avec quelqu'un n'implique pas d'entrer dans la famille de son partenaire. Ainsi, une disposition concrète, propre au mariage, n'existe pas pour le pacs : c'est l'obligation alimentaire à l'égard des beaux-parents, c'est-à-dire l'obligation de leur venir en aide s'ils sont dans le besoin. Rien n'empêche cependant que des liens affectifs se créent entre les familles des copacsants.

Le pacs n'a pas non plus d'effet sur les descendants propres à chaque contractant, c'est-à-dire les enfants nés d'une relation autre. Le fait de se pacser, voire d'élever les enfants de son partenaire dans le cadre d'une vie commune, ne donne aucun droit légal sur les enfants de son copacsant.

Dans le cas d'un couple homosexuel élevant les enfants de l'un des partenaires, le pacs n'assurera donc pas à l'autre partenaire un lien de parentalité avec les enfants du parent. Cela dit, il est possible qu'à l'avenir les autorités administratives ou judiciaires tiennent compte de l'existence d'un pacs lors de décisions relatives à l'enfant (voir *Les enfants*, p. 70).

15. Y a-t-il à l'étranger des institutions équivalentes au pacs ?

Il existe aux Pays-Bas un statut presque analogue au pacte civil de solidarité. C'est le *partenariat enregistré,* entré en vigueur le 1er janvier 1998. Ce statut est applicable à deux personnes de même sexe ou de sexe différent, à condition qu'elles n'aient pas de lien de parenté. Il est applicable aux citoyens néerlandais, et aux étrangers si ces derniers sont déjà titulaires d'un titre de séjour aux Pays-Bas.

Les effets de ce statut sont très proches de ceux du mariage, à l'exception des relations avec les enfants. Il crée une obligation alimentaire réciproque entre les partenaires, ainsi qu'une communauté universelle de biens. Il crée de plus un lien de parenté entre les familles des partenaires, et le régime des droits de succession est identique à celui des couples mariés. Le partenariat enregistré peut être dissous par consentement mutuel ou par une procédure analogue à celle du divorce.

Le partenariat enregistré, comme le pacs, n'a pas de conséquence sur le statut des enfants nés dans ce cadre. L'adoption conjointe par un couple homosexuel n'est pas actuellement possible. Mais la discussion parlementaire continue.

En Belgique existe depuis 1999 un statut de *cohabitation légale* dont les conditions de signature et de rupture sont très voisines de celles du pacte civil de solidarité : conclusion par déclaration commune et dépôt éventuel d'une convention, possibilité de rupture d'un commun accord ou unilatérale. Ce statut ne fait pas mention de la nature du lien entre les partenaires et peut donc s'appliquer indifféremment aux concubins hétérosexuels, homosexuels, et aux duos de cohabitants. Mais sa portée se limite aux conditions de la vie en commun (solidarité dans les dépenses communes) et n'a pas d'effet en matière fiscale et sociale.

D'autres pays ont résolu à leur manière les problèmes rencontrés par les couples non mariés, mais en distinguant juridiquement la situation des couples homosexuels et celle des couples hétérosexuels.

C'est le cas de certains pays d'Europe du Nord, qui ont élaboré des statuts spécifiques pour les couples homosexuels ; ces statuts offrent des droits étendus, mais ils s'appliquent exclusivement aux concubins homosexuels. C'est le cas du Danemark depuis 1989, de la Norvège depuis 1993, de la Suède depuis 1994, et de l'Islande depuis 1996. Dans ces pays, l'*union enregistrée* entre deux personnes du même sexe donne des droits et des devoirs identiques à ceux du mariage, à l'exclusion de l'adoption et de la procréation médicalement assistée. Ces statuts sont ouverts aux couples dont l'un des partenaires possède la nationalité du pays. En ce qui concerne les concubins hétérosexuels, leur situation fiscale et sociale est identique à celle des couples mariés dès lors qu'ils ont des enfants. En revanche, il n'existe pas dans ces pays de dispositions juridiques pour les couples hétérosexuels non mariés qui n'ont pas d'enfants. La législation suédoise fait exception en évoluant vers une égalité de traitement entre concubins et couples mariés.

Aux États-Unis, des collectivités locales mettent en œuvre des mesures favorables aux concubins hétérosexuels et homosexuels. Mais au niveau des États qui constituent l'Union, l'évolution vers la reconnaissance juridique du concubinage est bloquée. Elle se heurte à la crainte de voir l'institution du mariage menacée, et à un refus de toute ouverture du mariage aux homosexuels.

Qui peut contracter un pacs ?

16. Y a-t-il des conditions de sexe pour contracter un pacs ?

Les partenaires du pacs peuvent être de sexe identique ou de sexe différent. Qu'il s'agisse d'un couple hétérosexuel ou homosexuel ou d'un couple de solidarité, quel que soit leur sexe, le pacs peut s'appliquer. Même le changement de sexe, dans le cas rare du transsexualisme, n'a pas d'effet sur la possibilité ou l'existence du pacs. C'est la reconnaissance de la diversité des modes de vie.

17. Combien de partenaires peut-il y avoir dans un pacs ?

Le pacs s'adresse à tous les couples. Il ne peut donc y avoir que deux personnes dans un pacs. Les situations qui concernent plus de deux personnes peuvent être prises en charge dans le cadre des lois sur les associations ou les sociétés civiles.

18. Y a-t-il un âge minimum pour pacser ?

Il faut avoir 18 ans au minimum. Seuls les majeurs civils peuvent contracter un pacs (donc pas les mineurs même émancipés). Les majeurs en tutelle ne peuvent conclure un pacs.

19. Faut-il être de nationalité française pour pacser ?

Tout dépend du lieu où est contracté le pacs :

1°) Si le pacs est contracté sur le territoire français, il est possible de contracter entre

– deux nationaux français ;

– un(e) national(e) français(e) et un(e) étranger(e) séjournant en France ;

– deux étrangers séjournant en France.

Le pacs ne modifie pas les lois sur l'obtention de la nationalité française. Toutefois, il peut être pris en compte de manière positive pour juger de l'insertion dans la société française.

2°) Si le pacs est contracté à l'étranger dans un consulat français (voir *Comment contracter un pacs* ?), un des partenaires doit être de nationalité française.

20. Le pacs donne-t-il le droit de séjour en France pour un étranger ?

Que le pacs soit contracté sur le territoire français ou à l'étranger, le pacs ne donne pas automatiquement droit au séjour ; il est considéré comme « un des éléments d'appréciation des liens personnels en France » pour l'obtention d'un titre de séjour. Certains délais peuvent être demandés par l'administration. C'est une avancée par rapport à l'état antérieur des lois sur l'immigration.

La circulaire du ministère de l'Intérieur en date du 10 décembre 1999 précise que l'étranger signataire d'un pacs avec un Français ou un ressortissant de l'Union européenne obtient un titre de séjour à l'issue d'un délai de trois ans de vie commune en France avec son (sa) copacs. Ce délai prend en compte la durée de vie commune antérieure à la signature du pacs.

Si quelqu'un voulait utiliser le pacs uniquement pour contrevenir aux lois sur l'immigration, il pourrait très bien être reconduit à la frontière, comme cela se passe pour les mariages blancs.

21. Puis-je passer un pacs avec mon père, ma mère, mon grand-père, ma grand-mère ?

Non. Le pacs est interdit entre ascendants et descendants, quelle que soit la génération, et entre beaux-parents et gendre ou belle-fille. Il y a, en effet, des lois spécifiques qui régissent les relations dans ce cadre.

22. Puis-je passer un pacs avec mon frère ou ma sœur ?

Non. Dans le cours de la discussion du pacs, il avait été envisagé que certains droits du pacs soient applicables à deux frères, deux sœurs, ou un frère et une sœur qui résident ensemble, mais cela a été abandonné ensuite. Une discussion parlementaire spécifique devrait avoir lieu pour régler les problèmes des fratries.

23. Puis-je passer un pacs avec un oncle ou une tante, un neveu ou une nièce ?

Non. Car le pacs est interdit aux collatéraux jusqu'au troisième degré.

24. Puis-je passer un pacs avec un cousin ou une cousine ?

Oui. À partir des cousins germains et pour les cousins plus éloignés, la signature d'un pacs est possible.

25. Puis-je passer un pacs si je suis déjà marié ?

Non. Le pacs est interdit dans ce cas. Il faudrait d'abord divorcer pour passer un pacs.

26. Puis-je passer plusieurs pacs en même temps ?

Non. Toute personne déjà engagée dans un pacs ne peut en conclure un nouveau sans avoir rompu le premier.

27. Faut-il habiter ensemble pour passer un pacs ?

Le pacs peut concerner un couple de deux personnes qui n'habitent pas déjà ensemble. Les modalités de la vie commune sont laissées à l'appréciation de chacun(e). Toutefois, les pacsants doivent faire le choix d'une adresse de résidence qui servira de référence pour l'application des droits afférents au pacs. En outre, le pacs permet le rapprochement pour les fonctionnaires par exemple (voir *La Vie commune*, p. 48).

Comment contracter un pacs ?

28. Où peut-on contracter un pacs ?

En France, le pacs peut être contracté au greffe du tribunal d'instance. Il y a 473 tribunaux d'instance en France. Le ressort d'un tribunal d'instance correspond au territoire d'un arrondissement (siège d'une sous-préfecture ou arrondissements parisiens). Téléphonez au tribunal d'instance qui est le plus proche de chez vous. Pour avoir une réponse certaine, consultez le minitel « 3615 Justice », ou demandez à votre mairie.

Si vous avez accès à Internet, vous pouvez savoir de quel tribunal d'instance vous dépendez en tapant votre code postal. Le processus est le suivant : connectez-vous sur le site du ministère de la Justice *(http://www.justice.gouv.fr).* Cliquez sur la carte de France avec une loupe (la justice en région). Cliquez sur « juridictions judiciaires régionales ». Tapez votre code postal, cliquez sur « tribunal d'instance », validez : l'adresse, le téléphone et le fax du tribunal d'instance concerné vous sont donnés.

Le tribunal d'instance compétent est en principe celui de la résidence commune des partenaires.

Pour ceux qui ne résident pas ensemble, il faut élire une adresse de résidence (par exemple l'adresse de l'un(e) des partenaires, de parents...) et il faut alors s'adresser au greffe du tribunal d'instance correspondant.

À l'étranger, les pacs sont passés devant les agents diplomatiques et consulaires français (ambassades et consulats). Consultez éventuellement le site Internet du ministère des Affaires étrangères (rubrique : Les Français et l'étranger, vivre à l'étranger).

29. Quelles sont les modalités pratiques ?

Il faut remettre au greffe du tribunal d'instance concerné (et au consulat pour un pacs signé à l'étranger), pour chacun des partenaires :

– la preuve de votre identité (une carte d'identité, un passeport, une autre pièce d'identité ou tout document en tenant lieu) ;

– la copie intégrale (ou les extraits avec filiation) de votre acte de naissance ou tout document en tenant lieu (acte de notoriété). Pour obtenir copie de votre acte de naissance, précisez dans la demande adressée à la mairie de votre ville de naissance les noms et prénoms de vos parents et votre date de naissance ;

– un certificat du greffe du tribunal d'instance du lieu de naissance indiquant que la personne n'est pas déjà liée par un pacs. En cas de naissance à l'étranger, ce certificat doit être demandé au greffe du tribunal de grande instance de Paris (4, boulevard du Palais, 75055 Paris RP – tél. : 01 44 32 51 51) ;

– une attestation sur l'honneur qu'il n'existe pas entre les deux partenaires un lien de parenté ou d'alliance qui constituerait un empêchement pour conclure un pacs ;

– une attestation sur l'honneur par laquelle vous fixez votre résidence commune dans le ressort géographique du tribunal d'instance où vous faites la déclaration conjointe ;

– une convention écrite conjointe signée par les deux partenaires et organisant la vie commune (en double exemplaire).

Si vous êtes divorcé/e ou veuf/ve, vous devez de plus fournir le livret de famille de l'union dissoute ou, à défaut, la copie intégrale (ou la copie avec filiation), soit de l'acte de mariage dissous par divorce, soit de l'acte de naissance de votre ex-conjoint décédé.

On peut remarquer que les étrangers n'ont pas à fournir de titre de séjour au greffe du tribunal d'instance.

30. Que faut-il faire figurer sur la convention organisant la vie commune ?

Il n'y a aucune obligation et seules sont interdites des dispositions contraires à la loi. Ainsi les partenaires ne peuvent pas renoncer à la solidarité à l'égard des tiers pour les dettes contractées par l'un d'eux pour les besoins de la vie courante et les dépenses relatives au logement commun. De plus, la convention n'a pas à fixer un terme ou un motif particulier de rupture du pacs, celui-ci pouvant être rompu unilatéralement.

Vous pouvez donc vous contenter de faire figurer la mention suivante : « Nous, noms et prénoms des deux partenaires, concluons un pacte civil de solidarité régi par la loi du 15 novembre 1999. »

C'est à chaque couple de fixer, en fonction des réalités concrètes de la vie commune, les modalités de celle-ci. C'est l'intérêt du pacs de n'imposer aucun modèle préétabli, mais cela oblige chacun à réfléchir au préalable. Il peut être utile de prendre conseil auprès de personnes compétentes (membres de la famille ou amis), voire de consulter un service d'information juridique, un avocat ou un notaire [1]. Il n'y a cependant aucune obligation à s'offrir les services d'un professionnel.

Il est recommandé de fixer les modalités de logement, de participation aux charges communes, de prévoir la souscription d'une assurance-vie et d'une assurance-décès au bénéfice du partenaire survivant. Vous pouvez prendre certains engagements financiers l'un vis-à-vis de l'autre. Si vous ne précisez pas dans la convention ce qui appartiendra à chacun et selon quelles modalités, les meubles meublants (tables, buffets, téléviseurs, ordinateurs...) acquis après la signature du pacs seront considérés comme indivis par moitié, même s'ils ont fait l'objet d'une acquisition individuelle. Les autres biens meubles ou immeubles (véhicule, propriété immobilière, valeurs mobilières...) acquis par l'un ou l'autre partenaire sont considérés comme indivis par moitié, sauf si l'acte d'acquisition du bien en dispose autrement. La

1. Pour trouver les coordonnées d'un notaire, consultez l'annuaire ou le minitel 3617 infonotaires (0,37 à 5,57 F la minute) ou adressez-vous à la Chambre des notaires de votre département, ou encore au Conseil supérieur du notariat (31, rue du Général-Foy, 75008 Paris – tél. : 01 44 90 30 00).

Pour un avocat, consultez l'annuaire ou le minitel 3617 telavocat (0,37 à 5,57 F la minute), ou voyez l'Ordre des avocats du tribunal de grande instance de votre département. Il y a des consultations gratuites d'avocats et des chambres départementales de notaires.

convention peut aussi prévoir le partage des biens en cas de rupture (par exemple, à qui sera attribué un véhicule, les meubles, un appartement...).

D'une manière générale, il faut faire en sorte qu'il y ait une cohérence entre la convention de pacs, les éventuels actes de propriété dont vous disposez et les dispositions testamentaires que vous pouvez prendre. La convention de pacs ne peut tenir lieu de testament (voir *Donations et successions*, p. 64).

31. Cette convention est-elle irrévocable ? Peut-on la modifier ?

On peut la modifier, mais d'un commun accord, en présentant une nouvelle convention (en double exemplaire) au greffe du tribunal d'instance qui a reçu l'acte initial (ou, à l'étranger, au consulat). Le greffier (ou l'agent consulaire) enregistre la déclaration conjointe de modification.

32. Quelles sont les conséquences de la déclaration du pacs au tribunal d'instance ?

Vous devez vous présenter en personne au greffe du tribunal d'instance compétent (à l'étranger au consulat) pour déclarer ensemble le pacs et le faire enregistrer.

Le greffier (ou le consulat), après avoir vérifié l'absence d'incapacité ou d'empêchement prévu par la loi, enregistre votre déclaration et vous remet une attestation établissant que vous êtes liés par un pacs. Il restitue à chacun de vous l'exemplaire original de la convention. Il en fait porter la mention sur le registre du tribunal d'instance du lieu de naissance de chaque partenaire (au tribunal de grande instance de Paris pour les personnes nées à l'étranger). Afin de respecter la vie privée de chacun, il est interdit de sélectionner une catégorie particulière de personnes (par exemple de même sexe) à partir des données figurant sur les registres de pacs (décret 99-1091 du 21 décembre 1999). De même il est interdit de connecter les fichiers informatiques concernant les pacs avec tout autre fichier.

L'inscription sur le registre du greffe du tribunal d'instance du lieu de résidence choisi comme référence par les partenaires confère date certaine au pacs et le rend opposable aux tiers. C'est donc l'élément de preuve essentiel.

Dès l'inscription sur le registre, le pacs commence à produire certains effets juridiques prévus par la loi.

La vie commune

Sécurité sociale et prestations sociales

33. Quels sont les avantages du pacs en matière d'assurance-maladie ?

À défaut d'une couverture maladie vraiment universelle, plusieurs cas peuvent se présenter. Si chaque partenaire bénéficie à titre personnel d'une couverture sociale, aucun problème ne se pose.

Mais, dans le cas où un des partenaires ne bénéficie pas d'une couverture sociale pour la maladie, la signature d'un pacs permet à celui-ci d'être ayant droit de l'autre pour l'assurance-maladie (ainsi que pour la maternité).

Ce droit s'applique dès la signature du pacs. Le partenaire qui souhaite devenir ayant droit doit être à la charge effective, totale et permanente de son copacs. La preuve en est apportée par une déclaration sur l'honneur.

34. Le pacs permet-il la réversion en matière d'assurance-vieillesse ?

Non. Le pacs ne permet pas la réversion d'une pension de retraite en cas de décès d'un des partenaires, contrairement à certains cas dans le mariage. Les raisons invoquées pour ce refus ont été d'ordre financier.

Il est possible que certains régimes spécifiques étendent la possibilité de verser une somme ou une retraite au concubin ou à une personne désignée, au partenaire dans le pacs.

35. Le pacs change-t-il la situation des partenaires au regard des allocations familiales ?

Non. Que les enfants aient pour parents les deux partenaires du pacs ou seulement l'un d'eux, la vie en pacs ne change rien au regard des caisses d'allocations familiales. Le versement des allocations familiales ne dépend pas des revenus des parents ou de leur situation matrimoniale, mais uniquement de la question de savoir qui a la charge habituelle des enfants.

36. Le fait de vivre en pacs modifie-t-il quelque chose pour l'attribution du Revenu minimum d'insertion ?

Cela peut arriver, car ce sont les revenus cumulés des deux partenaires du pacs qui sont pris en compte pour l'attribution du RMI.

37. Le pacs a-t-il des incidences pour l'attribution de l'allocation d'adulte handicapé ?

Dans certains cas, oui, car les revenus des deux partenaires sont pris en compte.

38. Le pacs change-t-il quelque chose pour l'allocation de soutien familial versée au parent isolé ?

Oui. L'allocation de parent isolé ne peut plus être versée car la vie en pacs rompt cette situation d'isolement (comme dans le mariage ou le concubinage).

39. Le versement de l'allocation de veuvage est-il affecté par la signature d'un pacs ?

Oui. L'allocation de veuvage est supprimée en cas de vie en pacs (tout comme en cas de remariage ou de vie en concubinage).

Le travail

40. Quelle est la situation des pacsés pour les périodes de vacances ?

Si les partenaires travaillent dans la même entreprise, ils ont droit à un congé annuel simultané.

S'ils travaillent dans des entreprises ou administrations différentes, du secteur public ou privé, chaque employeur doit prendre en compte, pour fixer l'ordre des départs en congés payés annuels, les possibilités de congé du partenaire.

41. Un(e) partenaire du pacs a-t-il (elle) droit à une autorisation d'absence en cas de décès de son (sa) partenaire ?

Oui. Le décès d'un(e) partenaire ouvre droit à une autorisation exceptionnelle d'absence de deux jours pour le partenaire survivant.

C'est le seul cas où la loi précise le droit au congé qu'entraîne l'engagement dans un pacs. Mais il est possible qu'à l'avenir l'application de certaines dispositions des conventions collectives s'étende aux partenaires pacsés.

42. Les dispositions du code du travail relatives au conjoint s'appliquent-elles au partenaire du pacs si l'un est le salarié de l'autre ?

Oui. Les dispositions du code du travail relatives au conjoint sont applicables à une personne liée par un pacs au chef d'entreprise et salariée par lui, à condition qu'elle exerce son activité sous son autorité, qu'elle participe effectivement et de manière habituelle à l'entreprise ou à l'activité professionnelle et qu'elle perçoive une rémunération horaire minimale égale au SMIC.

43. Le partenaire du pacs peut-il obtenir un rapprochement s'il est fonctionnaire ?

Oui. Comme pour les personnes mariées, et à la différence des concubins, il y a une priorité d'affectation pour les fonctionnaires d'État engagés dans un pacs.

En ce qui concerne les fonctionnaires des collectivités territoriales, il y a une priorité pour les demandes de mutation, les détachements et les mises à disposition.

En ce qui concerne les fonctionnaires hospitaliers, il y a priorité pour les changements d'établissement, le détachement ou la mise à disposition.

L'argent

44. Quel est le régime des dépenses pour les partenaires du pacs ?

Il faut distinguer selon le type de dépenses. La convention déposée au moment de la signature du pacte (voir *Comment...* ?) peut fixer des modalités particulières : par exemple, mode de contribution de chacun aux charges de la vie commune, mise à disposition d'un logement, souscription d'une assurance-décès... Les dépenses personnelles exceptionnelles restent de la responsabilité de chacun. La notion de dépenses exceptionnelles varie selon le niveau de vie des personnes concernées.

Dans tous les cas, et quelles que soient les conventions particulières entre les partenaires, ceux-ci sont solidaires pour le remboursement des dettes contractées par l'un d'eux pour les besoins de la vie courante et les dépenses relatives au logement commun. Les titulaires d'une créance née d'un contrat conclu pour les besoins de la vie courante ou pour les dépenses relatives au logement, de même que les syndics de copropriété, peuvent obtenir auprès des greffes communication du fait qu'une personne est pacsée, mais pas les nom et prénoms, date et lieu de naissance du partenaire.

En cas de conflit sur l'application de ces dispositions, ce sont les tribunaux d'instance (pour des sommes inférieures à 30 000 F) ou de grande instance (à partir de 30 000 F) qui sont compétents pour décider des responsabilités de chacun.

45. Les pacsés peuvent-ils avoir un compte joint à la banque ?

Oui. Il n'y a aucune obligation ou interdiction en la matière. Dans le compte joint, les deux sont coresponsables du compte. Dans le cas d'une procuration sur un compte personnel, c'est le titulaire du compte qui reste responsable.

46. Qui doit payer les factures de loyer, d'EDF... ?

Tout dépend de ce qui a été fixé initialement dans la convention de pacte, ou d'une éventuelle modification du pacte. En l'absence de règles fixées dans la convention, chaque couple peut effectuer tous les arrangements pratiques qu'il souhaite. En cas de conflit, les loyers, l'assurance du logement, l'EDF entrant dans le cadre des dépenses relatives au logement commun pour des pacsés qui cohabitent, les deux partenaires sont solidairement responsables. Par exemple, l'EDF peut réclamer à l'un et à l'autre le paiement des factures d'électricité.

47. Que se passe-t-il pour des dépenses exceptionnelles ?

Celles-ci n'entrent pas nécessairement dans le cadre de l'aide matérielle et mutuelle impliquée par le pacs. Si l'on veut que les biens considérés entrent dans le patrimoine commun, il est prudent de le spécifier en faisant par exemple établir facture ou crédit aux deux noms. S'il s'agit de dépenses individuelles, il est également prudent de le spécifier (facture au nom du propriétaire). On peut indiquer des acquis communs nouveaux et importants dans une mise à jour de la convention.

48. Les partenaires du pacs peuvent-ils souscrire une assurance-décès réciproque ?

Oui, et il est même prudent de le faire. Certaines entreprises proposent ce type d'assurance à leurs salariés. Il faut bien vérifier que le (la) bénéficiaire de l'assurance-décès est le (la) partenaire dans le pacs. Une formule désignant les héritiers du souscripteur sans précision est insuffisante. D'autre part, le (la) partenaire survivant(e) bénéficie du capital-décès au même titre qu'une personne mariée.

49. Un(e) partenaire du pacs peut-il (elle) désigner son (sa) partenaire comme bénéficiaire d'une assurance-vie ?

Oui. À la différence de l'assurance-décès, l'assurance-vie permet de récupérer le capital souscrit et les intérêts au bout de 8 ans, sans imposition sur le revenu. D'autre part, ce capital et ces intérêts peuvent être transmis sans droits de succession à une personne nommément désignée qui peut être le (la) partenaire du pacs (dans la limite d'un million de francs par bénéficiaire, 200 000 F si la personne décédée a souscrit après 70 ans).

50. Vivre en pacs peut-il conduire à la suppression de certaines indemnités ou allocations du fait de la prise en compte des revenus communs ?

Oui. Mais les modalités sont différentes selon les indemnités ou allocations concernées. En général seront appliquées les règles déjà utilisées pour les cohabitants (voir *Sécurité sociale et prestations sociales*).

Le logement

51. Les partenaires du pacs doivent-ils avoir le même domicile ?

Si le pacs est principalement prévu pour des personnes qui cohabitent, il n'y a toutefois aucune obligation à avoir le même domicile : des raisons professionnelles peuvent parfois le rendre impossible. Les pacsés doivent choisir une adresse de résidence pour contracter (celle de l'un d'eux par exemple). En cas de rupture, la déclaration de fin de pacs est remise au greffe du tribunal d'instance dans le ressort duquel l'un d'entre eux au moins a sa résidence.

Les copacs sont solidairement responsables des dettes relatives au logement commun.

52. Les partenaires du pacs peuvent-ils louer ensemble leur logement ?

Oui. Il est recommandé de faire établir le bail de location aux deux noms. Les propriétaires et offices d'HLM ne peuvent refuser la signature d'un bail au nom de deux personnes vivant en pacs.

Toutefois, établir le bail aux deux noms n'est pas toujours possible. Le partenaire du titulaire du bail bénéficie de certains droits (voir ci-après).

53. Un propriétaire peut-il exercer son droit de reprise au profit de son (sa) partenaire dans le pacs ?

Oui. Le propriétaire d'un appartement ou d'une maison qu'il loue peut exercer son droit de reprise du bail de location pour habiter au profit du (de la) partenaire auquel il est lié par un pacs enregistré à la date du congé.

Il peut également le faire au profit des ascendants et descendants de son (sa) partenaire.

54. Que se passe-t-il en cas d'abandon du domicile par un partenaire du pacs ?

Si les deux partenaires étaient cotitulaires du bail de location, il faut faire modifier le bail en indiquant dorénavant un seul nom.

Si le titulaire du bail est celui qui reste, rien ne change.

Si le titulaire du bail est celui qui est parti, le partenaire du titulaire du bail bénéficie d'un droit de continuation du bail en cas d'abandon du domicile par le titulaire. Le bail est alors transféré de plein droit à son nom.

55. Que se passe-t-il en cas de décès d'un partenaire ?

Si les deux partenaires étaient cotitulaires du bail de location, il faut faire modifier le bail en indiquant dorénavant un seul nom.

Si le titulaire du bail est celui qui survit, rien ne change.

Si c'est le titulaire du bail qui décède, le bail est transféré au partenaire survivant. Il suffit de le signaler au propriétaire.

56. Qui paye la taxe d'habitation sur le logement commun ?

Si les partenaires du pacs habitent ensemble, ils sont tous deux responsables du paiement de la taxe d'habitation. L'imposition est adressée aux deux noms des partenaires séparés par la mention « ou ».

57. Peut-on acquérir un logement en copropriété dans le pacs ?

Oui. Il faut faire spécifier dans l'acte d'achat la part de chacun : en général c'est 50 % mais toutes les autres possibilités existent.

En particulier, il peut être utile de séparer usufruit et nue-propriété, chacun étant propriétaire de l'usufruit d'une moitié du bien et de la nue-propriété de l'autre moitié. Cette opération qui demande le conseil de spécialistes permet d'éviter des difficultés en cas de décès d'un des partenaires et de relations difficiles avec des héritiers réservataires.

Il est possible à un(e) partenaire du pacs de faire une donation à son (sa) copacsé(e) afin que celui-ci (celle-ci) puisse devenir copropriétaire (voir *Donations et successions*, p. 64).

58. Peut-on acquérir un bien en tontine dans le cadre du pacs ?

Oui, un bien dont la valeur n'excède pas 500 000 F peut être acquis en tontine par les deux partenaires. Cela signifie qu'en cas de décès de l'un, l'autre hérite du bien sans payer de droits de succession.

59. Qui doit payer les taxes foncières sur le logement ?

C'est le ou les propriétaires du bien considéré qui doivent payer les taxes foncières, à la différence de la taxe d'habitation qui est due par les occupants du bien.

60. Que se passe-t-il en cas de décès d'un partenaire ?

Il est possible de léguer un bien (le logement par exemple) par testament à son (sa) partenaire.

Le copacs n'est pas un héritier automatique. Pour les conditions concrètes, voir *Donations et successions*.

Le fisc

61. Les pacsés forment-ils un foyer fiscal ?

Pour l'impôt sur le revenu, les pacsés sont imposés en commun à partir de l'année du 3e anniversaire de l'enregistrement du pacte. Pour un pacs signé le 1er décembre 1999, cela signifie que la prise en compte des revenus pour l'imposition commune commencera à partir de l'année 2002 (déclaration faite au début 2003).

Pour l'impôt de solidarité sur la fortune, les pacsés sont imposés en commun dès le 1er janvier qui suit la signature du pacs (comme le sont actuellement les concubins).

En ce qui concerne la taxe d'habitation, s'agissant de l'habitation principale commune, il est établi une seule imposition dès l'année qui suit la signature du pacs (situation identique aux concubins).

Pour le paiement des taxes foncières, tout dépend de la ou des personnes propriétaires. Si l'une seulement est propriétaire, elle paiera seule les taxes foncières. Si les deux pacsés sont copropriétaires, ils paieront ensemble, dès l'année qui suit la signature du pacs.

Pour la taxe professionnelle, tout dépend également de la ou des personnes concernées par l'activité professionnelle.

62. Comment se passent les relations avec l'administration fiscale ?

Les pacsés concernés font une déclaration commune, signée des deux partenaires. Pour un pacte signé le 1er décembre 1999, la première déclaration commune de revenus se fera en février 2003 et portera sur les revenus de 2002.

L'administration fiscale adresse ses courriers aux deux noms des partenaires du pacs, séparés par le mot « ou ». Cela signifie que les deux pacsés sont responsables solidairement du paiement des impôts considérés.

63. Que se passe-t-il en cas de rupture du pacs ?

Chaque partenaire du pacs est personnellement imposable pour les revenus dont il a disposé au cours de l'année où le pacs a pris fin.

64. Que se passe-t-il en cas de décès d'un des partenaires ?

En cas de décès d'un des partenaires liés par un pacs et soumis à l'imposition commune, le survivant devient personnellement responsable pour la période postérieure au décès en ce qui concerne ses propres revenus. Il y aura donc une imposition commune pour la période antérieure au décès et une imposition personnelle concernant le survivant pour la période postérieure au décès de son (sa) partenaire.

65. Que se passe-t-il si les pacsés se marient ensemble ?

Si les pacsés étaient soumis à l'imposition commune, le mariage ne change rien.

Si les pacsés n'étaient pas soumis à l'imposition commune, ils établiront trois déclarations : deux séparées pour leurs revenus jusqu'à la date du mariage, une pour leurs revenus communs depuis la date du mariage.

66. Pour l'impôt sur le revenu, qui sera gagnant ?

Si un seul partenaire était imposable, l'imposition commune devrait aboutir à une imposition plus faible. Par exemple [1], si l'un avait des revenus égaux au SMIC (45 950 francs en 1997) et l'autre pas de revenu, l'imposition séparée conduisait le premier à payer environ 900 francs d'impôt sur le revenu tandis que le second ne payait rien. L'imposition commune dans le pacs réduira à 0 franc l'impôt dû.

En général, les couples dont les niveaux de revenus individuels sont déséquilibrés seront avantagés par l'imposition commune (ce qui est déjà le cas dans le mariage). Par exemple, si en 1997 l'un des partenaires avait 300 000 francs de revenu imposable et l'autre 45 000 francs, le premier payait 100 536 francs d'impôt sur le revenu et le second 714 francs soit un total de 101 250 francs Avec le pacs, ils auraient payé

1. Tous les exemples ci-dessous sont calculés sur la base de la législation applicable aux revenus de 1997.

ensemble 83 993 francs soit une économie de 17 257 francs.

L'avantage est renforcé pour les couples ayant des enfants à charge. Par exemple, pour un couple ayant deux enfants à charge, si l'un des concubins avait 150 000 francs de revenu imposable et déclarait ces deux enfants à sa charge, il payait 16 812 francs d'impôt sur le revenu. Si l'autre concubin n'avait pas de revenu, il ne payait rien. Dans le pacs, ils paieraient ensemble 7 595 francs soit une économie de 9 217 francs.

Dans le cas d'un couple avec trois enfants à charge (dont deux sont issus d'un des concubins, le troisième de l'autre), et qui ne peuvent être portés à la charge d'un seul concubin, les partenaires du pacs bénéficieraient d'une demi-part supplémentaire pour le troisième enfant à charge. Pour ce couple, si l'un des concubins avait 200 000 francs de revenu imposable et déclarait deux enfants à charge, il payait (avec 2 parts) 30 675 francs d'impôt sur le revenu ; si l'autre avait 100 000 francs de revenu et déclarait un enfant à charge, l'impôt à payer (avec 1,5 part) était de 9 609 francs, soit un total de 40 284 francs. Avec le pacs, trois enfants à charge et quatre parts, ils paieraient ensemble 33 624 francs, soit une économie de 6 660 francs.

67. Dans quels cas l'imposition sur le revenu ne changerait-elle rien ?

Pour les personnes ayant des revenus moyens ou élevés identiques, l'imposition commune ne changera rien ou presque. Ainsi deux personnes ayant chacune un revenu imposable de

100 000 francs payaient chacune 15 338 francs d'impôt sur le revenu, soit un total de 30 676 francs. Avec l'imposition commune du pacs, elles auraient payé 30 675 francs, soit 1 franc de différence.

68. Dans quels cas l'imposition commune sur le revenu sera-t-elle défavorable ?

L'imposition commune fera disparaître la demi-part supplémentaire au titre des enfants à charge des contribuables vivant seuls ou considérés comme tels avant de passer un pacs, comme c'est déjà le cas pour les concubins aujourd'hui.

De même disparaîtront certains avantages non cumulables comme les demi-parts supplémentaires accordées à certaines personnes vivant seules sans enfant à charge, ou les avantages plafonnés comme l'abattement de 10 % sur les pensions et retraites.

Les personnes à revenus identiques faibles (en gros en dessous de 75 000 francs chacun) seront défavorisées : si chacune déclarait 50 000 francs de revenu imposable, elle payait 1 764 francs d'impôt, soit 3 528 francs pour les deux. Dans le pacs, avec deux parts, elles paieraient 5 063 francs (comme pour les couples mariés d'ailleurs).

Il est possible que ces situations évoluent dans les prochaines années, selon les dispositions des lois de finances à venir.

Donations et successions

69. Dans quelles conditions puis-je faire des cadeaux à mon (ma) partenaire dans le pacs ?

C'est à vous de savoir ce que vous voulez offrir à votre partenaire. Mais il faut respecter certaines règles.

Les petits cadeaux et les dons manuels ne font l'objet d'aucune formalité. Pour des cadeaux plus importants, la loi parle de donations qui obéissent à certaines règles, en particulier pour que la propriété future ne soit pas contestée.

Dans le pacs, les donations sont soumises au régime suivant :

Au cours des deux premières années du pacs, les donations sont soumises à une imposition de 60 % (avec un abattement sur les premiers 10 000 francs).

Après deux ans de pacs, une donation de moins de 375 000 francs (à partir du 1er janvier 2000 ; 300 000 francs avant cette date) à un (une) partenaire dans le pacs est exonérée de droits de mutation.

Les 100 000 premiers francs suivants sont taxés à 40 %.

Au-delà, la taxation est de 50 %.

Il faut tenir compte de ces éléments pour déterminer ce que vous souhaitez donner à votre partenaire. Sachez aussi que vos donations ne doivent pas porter atteinte aux droits des héritiers dits réservataires (voir ci-dessous).

70. Comment se fait une donation ?

Une donation se fait par un acte enregistré chez un notaire.

71. Quelles sont les limites aux donations dans le pacs ?

Si vous avez vos deux parents, ceux-ci seront héritiers réservataires, chacun pour 25 % de votre patrimoine. Donc la moitié de votre patrimoine ira à votre père et votre mère si tous deux sont en vie à votre décès.

Si vous avez des enfants, ils sont également héritiers réservataires, mais dans ce cas les parents cessent de l'être. Si vous avez un enfant, il est héritier réservataire pour la moitié de votre patrimoine. Si vous avez deux enfants ce sont les deux tiers de votre patrimoine qui leur seront accordés. À partir de trois enfants et au-delà, trois quarts de votre patrimoine leur sont dus. Peu importe que les enfants soient légitimes ou naturels.

Les frères et sœurs et les parents plus éloignés ne sont pas héritiers réservataires.

Si vous ne tenez pas compte de ces éléments, il pourra y avoir une contestation sur vos donations au moment de l'ouverture de votre succession.

72. Dans quels cas ai-je intérêt à faire une donation à mon (ma) partenaire ?

Par rapport au don manuel, la donation permet une sécurité aussi bien pour celui (celle) qui donne que pour celui (celle) qui reçoit, car elle est enregistrée chez le notaire.

Vous pouvez utiliser le système de la donation pour permettre à votre partenaire dans le pacs de devenir copropriétaire du logement commun, par exemple. Les droits à payer sur cette donation diffèrent selon la durée préalable de votre pacs (voir ci-dessus).

73. Mon (ma) partenaire dans le pacs sera-t-il mon héritier si je meurs ?

Si vous n'avez pas fait de testament, votre partenaire ne sera pas votre héritier. Dans ce cas, si vous avez des parents, des enfants, des frères et sœurs... ce sont eux qui hériteront selon des règles précises de priorité fixées par le code civil. Ce n'est que dans le cas d'un achat commun en tontine que votre partenaire hérite automatiquement. Il est donc recommandé de faire un testament.

74. Comment faire un testament ?

Vous pouvez faire un testament sur n'importe quel support, mais celui-ci doit toujours être écrit, daté et signé à la main sous peine de nullité. Donc ne le tapez pas à la machine. Il doit permettre d'identifier clairement le testateur et ceux et celles qui reçoivent les legs.

Vous pouvez bien sûr garder votre testament dans vos papiers personnels, mais on a vu fréquemment des testaments disparaître au moment d'un décès. Il vaut donc mieux le remettre à la personne que vous désignez comme héritier.

Il est encore plus sûr de le déposer chez un notaire. Il existe, en effet, un fichier national des testaments et vous êtes donc certain, quoi qu'il vous arrive après la rédaction de votre testament, que celui-ci sera exécuté. En outre, le notaire peut être de bon conseil pour sa rédaction. L'ensemble de cette procédure est peu onéreux.

La convention présentée au moment de l'enregistrement du pacs ne peut tenir lieu de testament. Un testament est un acte individuel, modifiable à tout moment, ce qui n'est pas le cas de la convention.

75. Puis-je léguer tous mes biens à mon (ma) partenaire dans le pacs ?

Si vos parents sont décédés et si vous n'avez pas d'enfants, oui.

Si vous n'avez pas d'enfants et que vos parents sont en vie, ceux-ci sont héritiers réservataires pour la moitié de votre patrimoine. Si seul votre père ou seule votre mère est en vie, il ou elle a droit à 25 % de votre patrimoine.

Si vous avez des enfants, vos parents ne sont plus héritiers réservataires, mais vous ne pouvez déshériter vos enfants.

Si vous avez un enfant, il a droit à la moitié de votre patrimoine. Si vous avez deux enfants, ils se partageront à parts égales les deux tiers de votre patrimoine. À partir de trois enfants et au-delà, ceux-ci ont droit aux trois quarts de votre héritage.

Dans tous ces cas, vous ne pouvez donc léguer à votre partenaire dans le pacs que le reste de votre patrimoine, qu'on appelle la quotité disponible.

Vous pouvez aussi léguer à d'autres tout ou partie de cette quotité disponible.

La présence d'héritiers réservataires peut rendre difficile, dans certains cas, le maintien dans l'appartement commun du partenaire survivant. Il est donc prudent de prévoir des assurances-vie et assurances-décès (voir *La vie commune*, p. 48) pour permettre au (à la) partenaire survivant(e) de racheter la part des héritiers réservataires.

Enfin, pour permettre le maintien dans les lieux du (de la) partenaire dans le pacs, on peut distinguer dans un legs la nue-propriété et l'usufruit. Les valeurs relatives de la nue-propriété et de l'usufruit sont estimées en fonction de l'âge de l'usufruitier (entre 70 % s'il a moins de 20 ans et 10 % s'il a 70 ans révolus). Vous pouvez, par exemple, léguer l'usufruit d'un appartement à votre copacs et la nue-propriété à d'autres héritiers, notamment réservataires. Comme il s'agit d'opérations juridiques complexes, nous vous conseillons de consulter un notaire.

76. Y aura-t-il des droits de succession à payer par mon (ma) partenaire ?

Sauf en cas de transmission en tontine d'un bien de moins de 500 000 francs pour lequel il n'y a pas de droits de succession à payer, la situation est la suivante :

Si le montant de la part reçue par le (la) partenaire sur la succession est inférieur à

375 000 francs (au 1er janvier 2000 ; 300 000 francs avant cette date), il n'y a aucun droit à payer. On voit là l'avantage du pacs sur le concubinage. Dans le concubinage ou la cohabitation hors pacs, les personnes sont considérées juridiquement comme étrangères l'une à l'autre et doivent payer 60 % de droits (avec un abattement sur les premiers 10 000 francs).

Pour un couple non marié ayant acheté un appartement de 600 000 francs en copropriété à parts égales et qui se sont légué réciproquement leur part, les droits de succession sont de 120 000 francs hors pacs. Pour un couple pacsé, ils seront réduits à 0 franc.

Si la part de succession reçue par le (la) partenaire dans le pacs est supérieure à 375 000 francs (au 1er janvier 2000, 300 000 francs avant cette date), il (elle) devra payer 40 % de droits pour les premiers 100 000 francs suivants et 50 % au-delà.

Pour un appartement d'un million de francs acheté également en commun, dans le concubinage, il y a 300 000 francs de droits à payer. Avec le pacs, à partir de l'an 2000, il y a 52 500 francs à payer. C'est donc une division par six. Il s'agit là d'une amélioration extrêmement sensible.

Il faut noter que les abattements prévus pour les successions entre copacs ne sont pas cumulables avec ceux prévus pour les donations entre ces personnes, si les donations ont été effectuées moins de dix ans avant l'ouverture de la succession.

Les enfants

77. La conclusion d'un pacs modifie-t-elle les droits attachés à la famille et aux enfants ?

Le pacte civil de solidarité est neutre au regard du droit de la filiation, de l'adoption, de la procréation médicalement assistée et de l'autorité parentale. Il n'en modifie pas les règles : la procréation médicalement assistée est refusée aux homosexuels et aux lesbiennes, et l'adoption conjointe est interdite à deux concubins. Le pacs n'influe pas sur l'exercice de l'autorité parentale. Il ne permet pas de substituer le nom du partenaire à celui porté par l'enfant.

78. Un enfant né de parents pacsés a-t-il les mêmes droits qu'un enfant né de parents mariés ?

Que ses parents soient pacsés, mariés ou concubins, l'enfant bénéficie des mêmes droits. Ainsi, un enfant dont la filiation est clairement établie héritera de ses parents : s'il est né dans le cadre d'un pacs, il sera à égalité avec des demi-frères ou demi-sœurs nés dans le cadre d'un mariage, ou dans le cadre d'un concubinage. Il peut pareillement prétendre au soutien matériel de ses parents pendant la durée de ses études.

Le droit qualifie cependant différemment les enfants nés de parents mariés et les enfants nés de parents non mariés. Les premiers sont qualifiés d'enfants légitimes, les seconds d'enfants naturels. Les enfants nés dans le cadre d'un pacs sont donc des enfants naturels.

Cette distinction concerne essentiellement la manière dont peut être établi le lien de filiation entre l'enfant et ses parents. Du point de vue des droits de l'enfant, la loi du 3 janvier 1972 précise que l'enfant naturel a les mêmes droits et les mêmes devoirs que l'enfant légitime dans ses rapports avec ses père et mère.

Seul cas particulier : l'enfant dont l'un des parents était marié avec un tiers lors de la conception est dit adultérin ; dans l'état actuel du droit, il n'est pas à égalité avec les enfants légitimes du parent marié.

79. Un enfant né dans le cadre d'un pacs a-t-il plus de droits qu'un enfant né d'un couple de concubins ?

La loi instituant le pacs n'a pas modifié le droit de la famille. Un enfant né dans le cadre d'un pacs n'a pas plus de droits qu'un enfant né dans le cadre d'un concubinage. Pourtant les parents peuvent être amenés à signer un pacs dans l'intérêt de l'enfant : en simplifiant la vie de ses parents, en leur accordant une certaine sécurité économique et sociale, le pacs contribue en effet directement au bien-être de l'enfant.

80. Comment établit-on le lien de filiation dans le cadre d'un pacs ?

Le lien de filiation est une notion juridique, qu'il faut parfois établir. La filiation entre une mère et son enfant apparaît de manière évidente, sauf cas très exceptionnel. En revanche, la filiation paternelle est moins évidente.

Il y a une différence entre le pacs et le mariage. L'enfant conçu dans le cadre du mariage a pour père le mari : c'est la présomption de paternité, qui établit automatiquement la filiation légitime. Il n'y a pas la même présomption de paternité dans le cadre du pacs. La filiation naturelle entre un père et son enfant est établie suivant des procédures que l'existence d'un pacs ne modifie pas : ce sont la reconnaissance de l'enfant par son ou ses parents, ou l'établissement judiciaire de cette filiation.

81. Comment reconnaître son enfant ?

Dans le cadre d'un pacs, la filiation à établir est dite naturelle. Chaque parent doit reconnaître individuellement l'enfant, même si les deux déclarations sont simultanées. La reconnaissance est un acte très simple, qui peut avoir lieu à tout moment, quel que soit l'âge de l'enfant, et même avant sa naissance. La démarche ordinaire consiste à exprimer la volonté de reconnaître l'enfant au moment de sa déclaration à l'état civil. La reconnaissance a un caractère irrévocable.

82. Quel nom va porter l'enfant né dans le cadre d'un pacs ?

Cette situation ne concerne, dans l'état actuel de la loi, que le cas d'enfants nés de parents de sexe différent. L'enfant porte le nom de celui de ses parents qui l'a reconnu le premier. C'est ce qu'on appelle le nom patronymique. Si ses deux parents le reconnaissent en même temps, il portera le nom du père. Il pourra par la suite porter les noms accolés de ses deux parents sur tous les documents administratifs, y compris la carte d'identité. C'est ce qu'on appelle le nom d'usage. Mais les actes de l'état civil, comme l'extrait de naissance ou le livret de famille, resteront au nom patronymique. Seul le nom patronymique peut être transmis.

83. Qui exerce l'autorité parentale sur l'enfant né dans le cadre d'un pacs ?

L'autorité parentale est l'ensemble des droits et devoirs conférés aux parents sur la personne de l'enfant mineur et sur ses biens. L'autorité parentale est exercée conjointement par les deux parents à deux conditions :

– l'enfant a été reconnu par ses deux parents avant son premier anniversaire ;

– les parents habitent ensemble au moment de la reconnaissance concomitante ou de la seconde reconnaissance.

Si l'enfant a été reconnu par ses deux parents, mais suivant des modalités différentes, l'autorité parentale est exercée par la mère. Il est cependant possible d'obtenir l'exercice conjoint de l'autorité, en faisant une déclaration conjointe en ce sens au greffier en chef du tribunal de grande instance.

84. Quel est l'effet de la rupture du pacs sur l'exercice de l'autorité parentale ?

La rupture du pacs n'entraîne pas nécessairement la fin de l'exercice de l'autorité parentale conjointe. Seule une décision du juge des affaires familiales peut modifier les conditions de l'exercice de l'autorité parentale.

85. Un couple pacsé peut-il adopter ?

L'adoption conjointe est réservée aux couples mariés depuis au moins deux ans. L'adoption crée un lien de filiation, et dans le cas d'une adoption conjointe, ce lien est une filiation légitime. Dans l'état actuel du droit, deux personnes pacsées ne peuvent donc adopter « ensemble » un enfant. En revanche, une personne pacsée peut adopter seule, en tant que célibataire.

L'adoption est le résultat d'une décision judiciaire, prononcée conformément à l'intérêt de l'enfant. Adopter est une démarche difficile, d'autant que le nombre d'enfants adoptables est bien moindre que le nombre de demandes d'adoption.

86. Est-ce qu'un homme ou une femme pacsé(e) avec une personne de même sexe peut adopter un enfa[illegible]

Dans [illegible]s, une personne qui fait état de s[illegible]é, ou qui est notoirement engagée [illegible]omosexuel stable, se voit actuellem[illegible]ément d'adoption délivré au nive[illegible] général. Cette attitude, confortée [illegible] Conseil d'État, est explicitement [illegible] car une personne vivant en concu[illegible]uel peut voir sa requête d'adopti[illegible]vorablement. On peut s'attendr[illegible]ges refusent l'adoption à une pers[illegible]ns un pacs avec une personne de [illegible]ation qui laisserait présumer un l[illegible] Mais cette jurisprudence est actue[illegible] de contestation et d'un recours [illegible]ur européenne des droits de l'hom[illegible]

87. Un couple pacsé peut-il bénéficier de la procréation médicalement assistée ?

La création du pacte civil de solidarité est postérieure aux lois de 1994 sur la bioéthique qui régissent et restreignent l'accès aux techniques de procréation médicalement assistée (PMA). Ces lois n'ont pas été modifiées : la PMA est réservée aux couples constitués d'un homme et d'une femme, dont l'un au moins présente une stérilité à caractère pathologique médicalement diagnostiqué. Cela signifie en particulier qu'il s'agit d'un homme et d'une femme en âge de procréer, qui peuvent apporter la preuve d'une vie commune. Le fait d'être pacsé ou non est indifférent, mais l'existence d'un pacs peut être utilisée comme preuve de la vie commune.

88. Une femme pacsée avec une autre femme pourra-t-elle bénéficier de la procréation médicalement assistée ?

Non. Comme cette femme ne fait pas partie d'un couple hétérosexuel, à ce titre, elle est exclue du bénéfice de la PMA.

89. La situation sur les filiations adoptives et la procréation médicale assistée peut-elle évoluer ?

Dans la discussion parlementaire sur le pacs, toutes les forces politiques sont apparues très réticentes à faire évoluer le droit sur ce terrain. Mais les questions de parentalité se posent aussi bien dans les familles hétérosexuelles recomposées que dans les couples homosexuels et lesbiens élevant des enfants. Une discussion de l'ensemble de ces problèmes est donc inévitable et souhaitable.

La rupture du pacs

90. Dans quels cas est-il mis fin au pacs ?

Le pacs prend fin :
– par la volonté commune des deux partenaires ;
– par la volonté d'un des partenaires ;
– par le mariage ;
– éventuellement, par la mise en tutelle d'un des partenaires ;
– par le décès.

91. Que se passe-t-il si les deux partenaires sont d'accord pour rompre ?

Si les deux partenaires sont d'accord pour mettre fin au pacs, ils doivent remettre une déclaration conjointe au greffe du tribunal d'instance.

Il faut choisir le tribunal d'instance dans le ressort duquel l'un des deux partenaires au moins a sa résidence. Le greffier inscrit cette déclaration sur un registre et en assure la conservation. Il porte la mention de la fin du pacs en marge de l'acte initial, ou la fait porter sur le registre du tribunal d'instance où a été passé le pacs si ce n'est pas le même que celui de la rupture. Par exemple, si A habite Lyon et B à Paris, et que le pacs a été signé à Paris, le pacs peut être rompu à Lyon. Le greffier de Lyon le fait noter à Paris.

Le pacs prend alors fin dès la mention en marge de l'acte initial.

À l'étranger ce sont les agents diplomatiques et consulaires qui reçoivent la déclaration de rupture.

92. Quelles sont les conséquences de la rupture dans ce cas ?

Les partenaires déterminent eux-mêmes les conséquences de la rupture du pacs. Il faut en particulier prévoir la répartition des biens, des dettes éventuelles.

Si les partenaires n'arrivent pas à se mettre d'accord, le juge des contrats règle les conséquences de la rupture : il faut s'adresser au tribunal de grande instance (au minimum, un par département). Pour les questions qui concernent les enfants (autorité parentale, résidence habituelle), c'est le juge aux affaires familiales qui est compétent.

93. Que se passe-t-il si un(e) seul(e) des partenaires veut rompre ?

Il est possible de mettre fin au pacs par la volonté d'un(e) seul(e). La loi considère, en effet, qu'on ne peut obliger deux personnes à vivre ensemble contre le gré de l'une d'elles. C'est une question de liberté individuelle. Tout contrat à durée indéterminée peut être rompu unilatéralement. Mais la loi prévoit certaines garanties afin de protéger le (la) plus faible.

Lorsqu'un(e) des partenaires décide de mettre fin au pacs, il doit signifier à l'autre sa décision. La signification se fait par voie d'huissier de façon à la rendre certaine. Copie de cette signification doit être adressée sans délai par l'huissier au greffe du tribunal d'instance qui a reçu l'acte initial. Le greffier l'inscrit en marge de l'acte initial. À l'étranger, c'est au consulat ou à l'ambassade concernée qu'on s'adresse.

Si ces conditions sont réunies, le pacs prend fin trois mois après la signification, sous réserve que le greffier ait été informé dans les conditions précisées ci-dessus. Cela laisse donc une période de réflexion et permet d'éviter les ruptures dues à un mouvement d'humeur momentané.

94. Quelles sont les conséquences de la rupture unilatérale ?

Que la volonté de rompre soit unilatérale ou pas, les partenaires doivent chercher à régler eux-mêmes les conséquences de leur rupture. Ils peuvent se faire aider pour cela par qui ils veulent (amis, service de médiation, conseil juridique, avocat, notaire...), mais la loi n'oblige à rien. L'aide d'une ou plusieurs personnes extérieures peut toutefois être utile, surtout si la rupture se fait dans une situation tendue.

Si les partenaires n'arrivent pas à se mettre d'accord sur les conséquences de la rupture, l'un(e) d'eux ou les deux saisissent le tribunal de grande instance. En matière de garde d'enfants c'est le juge aux affaires familiales qui est compétent.

Le juge pourra allouer éventuellement des dommages-intérêts en réparation du préjudice subi non pas du fait de la rupture elle-même, mais des conditions dans lesquelles celle-ci sera intervenue. Dans ce domaine, la jurisprudence s'appliquant aux concubins en cas de faute pourra être utilisée [1].

95. Que se passe-t-il en cas de mariage ?

Deux cas doivent être envisagés :

– les deux partenaires du pacs sont de sexe différent et décident de se marier tous les deux ;

– un(e) des partenaires se marie avec une personne extérieure au pacs.

Dans le premier cas, le mariage met fin automatiquement au pacs.

Dans le deuxième cas, le (la) partenaire qui se marie doit informer son (sa) partenaire dans le pacs de son mariage. Cela se fait par une signification réalisée par un huissier. Le (la) partenaire qui se marie doit aussi faire adresser par l'huissier une copie de cette signification et de son acte de naissance, sur lequel est portée la mention de son mariage, au greffe du tribunal d'instance qui a reçu la signature du pacs.

Le pacs prend fin à la date du mariage du (de la) partenaire concerné(e).

1. Cour de cassation, 1re chambre civile, 29.11.97, bull. I nº 449 ; 31.1.78, bull. I nº 39 ; 30.6.92, bull. I nº 204.

96. Quelles sont les conséquences du mariage ?

Si ce sont les deux partenaires du pacs qui se marient ensemble, les droits et obligations du mariage commencent à la date de celui-ci.

Dans l'autre cas, les partenaires déterminent eux-mêmes les conséquences que la rupture entraîne à leur égard. En cas de désaccord, c'est le tribunal de grande instance qui doit être saisi, et le juge aux affaires familiales si des problèmes se posent concernant des enfants communs.

97. Que se passe-t-il en cas de mise sous tutelle d'un partenaire ?

Lorsqu'un des partenaires est mis sous tutelle, le tuteur autorisé par le conseil de famille ou, à défaut, le juge des tutelles peut mettre fin au pacs.

Si l'initiative de rompre est prise par l'autre partenaire, la procédure de rupture unilatérale évoquée précédemment s'applique.

98. Quelles sont les conséquences de la rupture due à une mise sous tutelle ?

Ce sont les mêmes que dans les autres cas de rupture unilatérale, mais la personne en tutelle est représentée par son tuteur. En cas de contestation de l'attitude du tuteur, c'est le juge des tutelles qui intervient.

99. Que se passe-t-il en cas de décès d'un(e) partenaire ?

Le pacs prend fin à la date du décès d'un(e) des partenaires.

100. Quelles sont les conséquences du décès d'un(e) partenaire ?

Le (la) partenaire survivant(e) peut recevoir un capital-décès dans les mêmes conditions que les conjoints survivants.

Si les partenaires formaient un foyer fiscal commun (voir ci-dessus), le (la) survivant(e) devient personnellement responsable pour ses propres revenus postérieurs au décès.

Le (la) partenaire survivant(e) peut être héritier de la personne décédée sous certaines conditions qui sont analysées au chapitre *Donations et successions*, p. 64. Il convient de s'y reporter.

DEUXIÈME PARTIE
Le débat

L'idée

Une invention juridique

Le pacte civil de solidarité permet à deux personnes qui vivent ensemble sans être mariées d'organiser leur vie commune. C'est un concept simple et clair : un cadre contractuel global pour des projets communs de vie. C'est aussi un concept nouveau ; le cadre ainsi défini ne résulte pas d'une modification de statuts qui lui préexistaient.

Y a-t-il d'autres cadres juridiques qui portent ainsi sur les projets de vie des personnes ? La réponse est connue : le principal cadre qui engage réciproquement la vie des personnes est le mariage. Jusqu'à la création du pacte civil de solidarité, le mariage était même le seul contrat global organisant la vie sociale à deux. On s'était habitué à cette unicité, et il semblait inimaginable, il y a encore quelques années, de la remettre en cause. C'est pourtant chose faite : il y a désormais trois cadres juridiques distincts qui portent sur la vie à deux, car au mariage et au pacte civil de solidarité s'ajoutent les dispositions concernant le concubinage, dont la définition est aujourd'hui inscrite dans la loi, à la suite de la discussion sur le pacs.

En quoi le pacs et le mariage diffèrent-ils ? Les droits et les devoirs ne sont pas les mêmes : alors que les conjoints se promettent fidélité, secours et assistance, les partenaires d'un pacte s'engagent à une aide mutuelle et matérielle ; les dispositions successorales se distinguent notablement. Ce ne sont là que des exemples et la première partie de cet ouvrage donne le détail de ces différences. Mais peut-on comparer le mariage et le pacs au niveau de leurs principes respectifs ?

Pacs, mariage et filiation

Le mariage est une institution tout à la fois chargée d'histoire et en constante évolution. Toute tentative d'en formuler les principes serait donc forcément réductrice. On peut cependant souligner l'importance dans le mariage des questions de filiation. En effet, l'un des principes majeurs du mariage est la présomption de paternité : des enfants nés dans le cadre d'un mariage ont le conjoint masculin pour père devant la loi. Le mariage sert ainsi à assurer la filiation des enfants nés dans son cadre [1].

La question de la filiation est en revanche tout à fait absente de la définition du pacte civil de solidarité. Si des enfants naissent de parents liés par un pacs, le lien de filiation est établi selon les règles de la filiation naturelle, et l'existence d'un pacs ne modifie pas ces règles. Au contraire du mariage, le pacs ne fabrique pas automatiquement de la filiation. Cependant l'élaboration du pacs a aussi contribué à ouvrir la discussion sur l'évolution des règles de la filiation.

Faut-il y voir un effet de la différence précédente ? En tout cas, le statut de la sexualité n'est pas non plus le même dans le mariage et dans le pacs. La sexualité intervient explicitement dans le contenu juridique du mariage, par exemple avec l'obligation de fidélité. Les conjoints ont l'un à l'égard de l'autre certains engagements quant à leur sexualité commune : le mariage peut être déclaré nul pour absence de rapport sexuel normal. Finalement le mariage est un lien dont la définition ren-

1. Voir l'entretien avec Yan Thomas, historien du droit, dans la revue *Le Banquet*, 1er et 2e semestre 1998, n° 12 et 13, p. 45.

voie directement à une certaine sexualité. Dans sa définition actuelle, le mariage suppose implicitement des pratiques hétérosexuelles, et explicitement la différence des sexes [1].

S'il est vrai que le pacs trouve son origine dans la revendication de reconnaissance des couples homosexuels, la définition juridique du lien créé par un pacte civil de solidarité ne se réfère pas à la nature du lien sexuel entre les contractants : il n'y a ni interdictions ni obligations sexuelles entre les partenaires, et le contrat est indifférent à l'existence ou non d'une relation homosexuelle ou hétérosexuelle. Le pacs fait explicitement référence au sexe des contractants et à l'existence d'une différence des sexes, mais c'est pour préciser que cela ne constitue en rien un critère discriminant : les signataires peuvent être « de sexe différent ou de même sexe ». Certes, le pacte civil de solidarité est un cadre conçu avant tout pour les couples constitués autour d'un lien affectif et sexuel. Il entraîne donc, selon l'expression employée lors des débats parlementaires, « présomption simple de communauté de toit et de lit ». Cette présomption est à l'origine des empêchements à la conclusion d'un pacs. Ne peuvent en effet contracter ensemble les ascendants et descendants en ligne directe, les alliés en ligne directe et les collatéraux jusqu'au troisième degré. Ces empêchements, analogues à ceux qui existent dans le mariage, permettent de formuler indirectement certains interdits concernant les relations sexuelles incestueuses (c'est d'ailleurs la trace d'une certaine confusion entre interdits relatifs à la filiation et interdits relatifs aux pratiques sexuelles). Leur présence dans la définition du pacs ne suffit cependant pas pour assimiler ce dernier à la traduction juridique d'un lien sexuel : les empêchements définis par la loi peuvent en effet être interprétés comme le tracé d'une démarcation entre le domaine des liens familiaux et celui des affini-

1. Voir les articles 144 (âge de l'homme et la femme) et 75 (déclaration des parties qu'ils veulent se prendre pour mari et femme) du code civil.

tés choisies, que le pacs enrichit considérablement. Le droit de la famille est d'ailleurs en pleine évolution, et sa refonte est annoncée par les forces politiques de gauche comme de droite. Il est probable que la mise en œuvre du pacte de solidarité contribuera à éclairer cette refonte et ses enjeux.

Le pacs est un contrat

Le pacte civil de solidarité est un contrat, dont la loi précise les modalités de formation et de dissolution. Le pacs peut prendre fin d'un commun accord, ou par volonté unilatérale de l'un des partenaires. Dans l'un et l'autre cas, il n'y a pas d'obligation de motiver cette décision ; il n'est pas nécessaire de justifier cette rupture. Une telle disposition contraste avec les procédures de divorce par lesquelles peut être mis fin à un mariage. Là encore, il faut garder à l'esprit les évolutions que connaît l'institution du mariage ; mais son origine religieuse et l'idéal qu'il véhicule font du lien matrimonial un engagement *a priori* irréversible. Le divorce est vécu comme un échec que le juge s'efforce souvent d'éviter. Tout conjoint cherchant à mettre fin unilatéralement à son mariage risque d'être amené à inventorier les torts de son conjoint. Rien de tel dans le pacte civil de solidarité, qui pour continuer à exister nécessite le consentement permanent des deux copacsants, ou au minimum l'absence de volonté de rompre.

Cela ne signifie pas pour autant que le pacs institue une forme moderne de répudiation. Rappelons tout d'abord que ce terme désigne dans certains droits étrangers une notion profondément inégalitaire, qui ne profite qu'à l'homme au détriment de la femme. Rien de tel dans le pacs où les partenaires ont une égalité absolue de traitement. De surcroît, le pacs est plus protecteur à l'égard de chaque contractant qu'une simple situation d'union libre, à laquelle peut mettre fin l'un des partenaires, du jour au lendemain et sans préavis. L'union libre présente, au contraire du pacs, un caractère de grande précarité, auquel la jurisprudence apporte déjà quelques limites, en se réservant la possibilité de qualifier d'abusives certaines ruptures de concubinage.

Dans les lignes qui précèdent, la nouveauté du concept de pacte civil de solidarité apparaît par le biais d'une comparaison avec le mariage. Mais si cette comparaison ne peut être évitée, c'est au fond un effet de la pauvreté du droit en matière d'organisation de la vie à deux. La réflexion menée tout au long de l'élaboration du pacs a finalement permis de réduire au minimum les références au statut des conjoints. Les droits et les devoirs attachés au pacs sont pour l'essentiel définis de manière autonome, indépendamment de tout autre modèle.

L'apparition d'un nouveau statut juridique concernant les situations de vie à deux amène à s'interroger sur l'évolution du concubinage. C'est un statut juridique, car la jurisprudence a progressivement attaché un certain nombre de droits à l'état de concubins, accompagnée en cela par diverses dispositions législatives et réglementaires, que l'on trouve par exemple dans le code du travail, le code des impôts ou le code de la Sécurité sociale. Jusqu'à présent, le concubinage produisait des effets par imitation du mariage auquel la jurisprudence le comparait. Désormais, le concubinage connaît une définition législative, qui a été adoptée en même temps que la création du pacs. Cette définition ne préjuge pas de l'évolution du concubinage, dans ses effets reconnus par la loi et les juges. Alors que le pacte civil de solidarité est un concept autonome et nouveau, le concubinage est un statut dont les effets se sont d'abord référés au mariage, et se référeront désormais tout à la fois au pacs et au mariage.

Plus souple que le mariage, plus précis et plus complet que le concubinage, le pacte civil de solidarité prend donc une place originale dans le paysage des statuts réglant la vie à deux. C'est un cadre juridique, défini par un ensemble de règles regroupées dans un texte de loi. Ces règles comportent des droits : par exemple, l'imposition fiscale commune, le transfert de bail entre partenaires, des dispositions fiscales favorables aux donations et successions entre partenaires. Ces règles comportent aussi des devoirs : devoirs réciproques comme l'aide mutuelle et matérielle, et devoirs à l'égard des tiers, comme la solidarité des dettes contractées pour les besoins de la vie courante.

Ces droits et devoirs constituent le contenu d'un contrat. Comme pour tout contrat, c'est un acte qui engage les signataires, et dont l'existence peut avoir des conséquences juridiques en cas de conflit, que ce conflit apparaisse entre les signataires ou avec des personnes étrangères au pacs.

Ce contrat présente aussi certaines spécificités par rapport au droit général des contrats. En effet, c'est un contrat d'échange qui porte sur la vie : il permet à deux personnes de qualifier le lien qui organise leurs deux vies. Qu'est-ce que ce lien met en partage ? On pense d'abord à la vie quotidienne à deux : partager la vie l'un de l'autre, c'est partager le logement, la nourriture, etc. En fait, la portée du pacte civil de solidarité est plus générale : c'est un contrat conçu pour organiser tout projet commun de vie. Il peut donc se prêter à des situations originales, où les signataires s'engagent à s'assister et se soutenir en vue de la réalisation d'un projet portant sur la vie de l'un ou de l'autre : éducation, réinsertion sociale, soutien face à un handicap physique ou économique.

À ce titre, le pacte civil de solidarité est inscrit dans le livre Ier du code civil qui traite du droit des personnes. Les conditions de capacité juridique qui concernent en général les contrats s'exercent aussi sur le pacs, mais quelques situations spécifiques, comme l'existence de liens de parenté ou la mise sous tutelle, limitent la possibilité de contracter. Les conditions de conclusion ou de rupture du pacte présentent aussi un caractère original. L'État porte une attention particulière à ce contrat, qu'il valorise comme un outil de cohésion sociale : il intervient donc directement dans la procédure d'enregistrement de celui-ci, et dans la vérification de la validité de l'acte.

La nouveauté du pacs dans le droit français contemporain est grande. Il est bon cependant de se souvenir que, si le pacs n'a pas d'antécédent, il possède des ancêtres respectables. En effet, l'Occident médiéval a connu toutes sortes d'unions qui n'impliquaient pas nécessairement de relations sexuelles – ce qui ne signifie pas qu'elles l'excluaient –, mais qui impliquaient généralement une communauté de vie. Ces unions avaient pour objet une société de vie qui permettait de régler la gestion et la transmission des biens partagés [1]. Dans notre pays, les contrats d'affrèrement, pratiqués pendant des siècles, ont permis à des couples de même sexe ou de sexe différent de mettre en commun leurs biens, ou de s'engager à une assistance réciproque. Ainsi se constituaient des fraternités fondées non pas sur les liens du sang, mais choisies sur le double mécanisme de l'affection et de l'intérêt. Il s'agissait de pratiques parfois très vivaces dans certaines régions de France et qui disparurent complètement à la fin du XVIIIe siècle. Comme l'a écrit le magistrat Yves Lemoine, « le pacs n'est après tout que la reprise en compte, moderne, d'exigences de solidarité qui transcendent les siècles [2] ».

Les couples hors mariage dans les législations étrangères

La comparaison avec la législation des pays étrangers précise aussi la nouveauté du pacte civil de solidarité. On s'aperçoit que la création du pacs se situe dans un contexte international qui voit la situation juridique des couples hors mariage évoluer de manière considérable au cours de la dernière décennie. Mais la comparaison avec la législation d'autres pays nécessite le préalable suivant. Le lien matrimonial n'est pas identique à travers le monde. En particulier, l'institution du mariage républicain, dont la France s'enorgueillit à juste titre, a

1. Yan Thomas, *op. cit.*
2. Yves Lemoine, « Mignonne, allons voir si le Pacs... », *Libération*, 2 décembre 1998.

pour caractéristiques marquantes l'unicité et l'indépendance par rapport aux appartenances religieuses des époux. Cette institution ne présente pas forcément une identité absolue avec les statuts équivalents que connaissent d'autres pays. Par contrecoup, la situation des couples hétérosexuels non mariés n'est pas toujours comparable. Certains pays, plus que d'autres, connaissent le phénomène d'un nombre très important de concubins hétérosexuels, c'est-à-dire de la multiplication de situations de cohabitation et de vie de couples non mariés, situations que le droit a largement ignorées jusqu'à une époque récente.

Cette mise au point faite, on peut étudier la situation juridique des couples non mariés dans les pays de l'Union européenne, en demeurant attentif à différencier les évolutions concernant exclusivement les couples homosexuels et les évolutions à caractère plus large, produisant des effets sur tous les couples non mariés.

Certains pays d'Europe du Nord ont élaboré des statuts spécifiques pour les couples homosexuels. Au Danemark depuis 1989, en Norvège depuis 1993, en Suède depuis 1994, en Islande depuis 1996, l'union enregistrée entre deux personnes de même sexe accorde des droits et des devoirs identiques à ceux du mariage, à l'exclusion de l'adoption et de la procréation médicalement assistée. Dans ces pays est affirmé le principe de l'identité des droits et devoirs entre les unions homosexuelles enregistrées et le mariage, à l'exclusion des règles concernant l'enfant. En Islande et en Norvège, cependant, deux partenaires enregistrés peuvent bénéficier de l'autorité parentale conjointe sur un enfant. Ces législations ne concernent pas les concubins hétérosexuels. À l'exception de la Suède, en effet, ces pays ne prévoient pas de dispositions juridiques concernant les couples hétérosexuels non mariés qui n'ont pas d'enfants. En revanche, dès lors qu'ils ont des enfants, leur situation fiscale et sociale s'aligne sur celle des couples mariés.

Aux Pays-Bas, le partenariat enregistré entré en vigueur le 1er janvier 1998 s'adresse aux couples homosexuels comme aux couples hétérosexuels. Les effets de ce statut sont très proches de ceux du mariage, à l'exception des relations avec les enfants. Comme dans le cas du pacte civil de solidarité, le partenariat enregistré n'a pas de conséquence sur le statut des enfants nés dans ce cadre. Entre le 1er janvier et le 30 septembre 1998 ont été dénombrés 3 700 partenariats, dont 70 % entre partenaires de même sexe. Les partis politiques au pouvoir envisagent d'autre part de présenter un projet de loi ouvrant le mariage aux homosexuels.

En Belgique la loi sur la cohabitation légale est entrée en vigueur en janvier 1999. Son cadre est large, puisqu'il s'adresse aussi bien aux concubins hétérosexuels, aux concubins homosexuels et aux duos qui, sans former un couple, ont une communauté de vie. Mais sa portée est modeste et se limite aux conditions de la vie en commun. D'autre part, le concubinage hétérosexuel a certains effets juridiques, mais reste ignoré du droit civil.

En Espagne, il n'existe pas de législation nationale concernant les couples non mariés. Le Parlement discute de propositions de lois tendant à reconnaître les unions de fait, homosexuelles et hétérosexuelles, mais la majorité parlementaire actuelle est hostile à légiférer sur l'union homosexuelle. La communauté autonome de Catalogne accorde depuis juin 1998 aux couples stables, hétérosexuels ou homosexuels, un statut comparable à celui des couples mariés dans les domaines qui relèvent de sa compétence – ce qui exclut le droit social et le droit du travail. Les « unions stables homosexuelles » et les « unions stables hétérosexuelles » diffèrent par leur modalité d'enregistrement mais sont pratiquement identiques par leurs effets.

Au Portugal, les propositions de lois tendant à reconnaître les unions de fait ont été débattues et repoussées en 1997. La même année a aussi été rejetée par le Parlement de Finlande une proposition de loi prévoyant la reconnaissance des couples homosexuels. Ce pays est donc le seul État de l'Europe du Nord à ne pas reconnaître ces couples. En revanche, la situation des concubins hétérosexuels en Finlande ne diffère pas de ce qu'elle est dans les autres pays scandinaves.

Les autres pays de l'Union européenne n'ont pas encore connu la moindre évolution en direction d'un statut global pour les couples non mariés, et pas davantage pour les seuls couples homosexuels. En Allemagne, le débat s'est ouvert sur la création d'un statut concernant les seuls couples homosexuels. En Grande-Bretagne, en Grèce, en Italie, il n'existe aucun dispositif législatif relatif au concubinage, et apparemment aucune perspective d'ouverture politique vers une reconnaissance du couple homosexuel.

La construction européenne conduira-t-elle à une unification des statuts dans les différents pays qui la constituent ? On peut d'abord observer que le droit civil est encore peu affecté par la législation européenne. Mais le traité d'Amsterdam, conclu en octobre 1997, ajoute au traité instituant la Communauté européenne un article qui permettra au Conseil de prendre, à l'unanimité sur proposition de la Commission et après consultation du Parlement européen, les mesures nécessaires à l'élimination de toute forme de discrimination fondée sur l'orientation sexuelle. À quelles mesures pourrait-on s'attendre ? D'abord, ces mesures se rapporteraient aux différences de statut entre couples hétérosexuels et homosexuels. Ensuite, on s'aperçoit que deux tendances se dessinent au niveau des institutions européennes. D'un côté, les institutions judiciaires européennes ont une interprétation restrictive de la notion de concubinage, qui exclut les concubins homosexuels. De l'autre, le Parlement européen s'est prononcé de manière très claire pour la reconnaissance du concubinage homosexuel.

En ce qui concerne la jurisprudence européenne, la Cour de justice des Communautés européennes, en février 1998, a refusé de considérer comme une discrimination le refus à des concubins du même sexe d'une réduction sur le prix des transports accordée à des concubins de sexe opposé. Cette conception, fondée sur le principe que « les relations stables entre deux personnes du même sexe ne sont pas assimilées aux relations entre personnes mariées », a trouvé une confirmation en janvier 1999, dans une décision de la Cour de ne pas recevoir la requête d'un fonctionnaire du Conseil de l'Union européenne, soutenu par le Royaume de Suède, et qui souhaitait voir assimiler à un mariage son partenariat enregistré. De leur côté, la Cour et la Commission européenne des droits de l'homme ont régulièrement considéré que des relations homosexuelles durables ne relèvent pas du droit au respect de la vie familiale telle qu'elle est protégée par la Convention européenne des droits de l'homme.

Pour sa part, le Parlement européen a adopté le 8 février 1994 une résolution sur l'égalité des droits des homosexuels et des lesbiennes dans la Communauté européenne, suivant le rapport de la parlementaire Claudia Roth. Cette résolution demande à la Commission de la Communauté européenne de rédiger une recommandation visant à mettre un terme à « l'interdiction faite aux couples homosexuels de se marier ou de bénéficier de dispositions juridiques équivalentes ; la recommandation devrait garantir l'ensemble des droits et des avantages du mariage, ainsi qu'autoriser l'enregistrement des partenariats ».

Lors de l'adoption de cette résolution, la Commission ne disposait pas d'une base légale pour exercer la moindre démarche coercitive à l'égard des États membres relativement à ces questions. Il est possible que l'application du traité d'Amsterdam et ses dispositions concernant l'élimination des discriminations donneront plus de crédit à une éventuelle intervention des institutions européennes – sous réserve que la règle de l'unanimité n'en restreigne grandement la portée. Quoi qu'il en soit, l'examen de la résolution adoptée en 1994 indique l'état d'esprit du Parlement européen. Il s'agit d'un texte global, qui dénonce l'ensemble des dispositions discriminatoires fondées sur la tendance sexuelle. Sont évoquées à ce titre aussi bien les législations criminalisant les relations homosexuelles, ou instaurant des limites d'âges différentes pour les relations homosexuelles et hétérosexuelles, que les différentes formes de discriminations sociales ou culturelles exercées à l'encontre des homosexuels.

La question de la reconnaissance juridique du couple homosexuel est donc abordée par le biais du principe d'égalité de traitement. À la différence du principe qui a animé les auteurs du pacte civil de solidarité, cette résolution traite des droits des homosexuels et des lesbiennes de manière globale, mais sans les inscrire dans des groupes juridiques plus larges, par exemple les couples hors mariage. La résolution n'évoque pas la question de l'identité des statuts offerts aux couples homosexuels et hétérosexuels, et se satisfait de l'existence des structures juridiques séparées, telles qu'elles existent dans les États d'Europe du Nord. Par comparaison, le pacte civil de solidarité ne vise pas à l'équivalence des dispositions propres au mariage. Mais cette apparente timidité procède aussi d'un refus : le pacs diffère d'une construction spécifiquement destinée aux homosexuels et aux lesbiennes. La résolution du Parlement européen considère au contraire qu'un statut spécifique pour les couples homosexuels est tout à fait légitime. Brièvement décrite, la démarche juridique dont s'inspire le Parlement européen vise l'égalité à partir de catégories civiles différentes ; un statut spécifique est cohérent avec la demande d'égalité de traitement entre des populations que le droit peut distinguer. Les auteurs du pacs ont pour leur part refusé que le droit distingue couples homosexuels et couples hétérosexuels.

La situation aux États-Unis participe aussi du contexte international dans lequel s'inscrit la création du pacs. Le cas des États-Unis est assez souvent évoqué, comme un repère pour les combats menés par les gays et lesbiennes. Le premier constat qui s'impose est que les législations relatives au mariage et aux concubinages relèvent de législations propres à chacun des États de l'Union. Ces législations s'entendent cependant pour reconnaître le mariage entre un homme et une femme comme la seule forme d'union légitime, et ignorent le concubinage homosexuel et hétérosexuel. L'autre point marquant de l'examen est la grande diversité des réglementations, qui résulte de la multiplicité des niveaux d'organisation administrative, et de l'autonomie dont ils jouissent. Ainsi de nombreuses collectivités locales (villes, comtés, districts) ont adopté des mesures concernant les concubins. C'est le cas de grandes municipalités comme New York ou Los Angeles, c'est aussi le cas de la municipalité de San Francisco qui enregistre des déclarations de concubinage entre personnes de même sexe ou de sexe différent. En contrepartie, des pratiques ouvertement discriminatoires à l'égard de couples homosexuels ou de couples hétérosexuels non mariés, comme le refus de louer un logement ou d'accéder à certains emplois, sont monnaie courante dans certaines régions des États-Unis ; le fait de savoir si ces pratiques sont légitimes, si elles peuvent être autorisées ou interdites par des législations supérieures, est actuellement au centre d'affrontements juridiques et politiques.

Dans ce contexte, le débat sur la reconnaissance juridique du couple homosexuel s'est figé autour de la question de l'ouverture du mariage aux homosexuels. Cette question a été posée par une décision de la Cour suprême de l'État d'Hawaï, qui n'a pas garanti le droit aux homosexuels de se marier, mais qui a remis en cause le droit de l'État à interdire les mariages entre personnes de même sexe [1]. Cette décision a déclenché par réaction un mouvement hostile au mariage des homosexuels, et un ensemble de décisions au niveau fédéral ou au niveau des États pour parer à l'éventualité de

1. Éric Fassin, « Le mariage homosexuel, rhétoriques comparées franco-américaines », *La Mazarine*, mars 1999.

l'apparition de couples homosexuels mariés. Ces réactions évoquent ce qui s'est passé en France lors du débat sur le pacs au Sénat : à l'occasion de ce débat, les sénateurs de droite ont tenté d'inscrire dans la loi le caractère hétérosexuel du mariage, pour couper court à toute évolution, qu'elle vienne de France ou de l'étranger. Le rapporteur de la proposition de loi au Sénat s'est explicitement référé à la situation dans l'État d'Hawaï et à ses répercussions.

Une nécessité sociale

En créant le pacte civil de solidarité, le législateur a tiré les conséquences juridiques d'un phénomène social de grande ampleur, celui de la vie à deux hors mariage. Ce phénomène revêt plusieurs aspects : la banalisation des couples homosexuels, les plus vulnérables à la précarité d'une vie commune hors de tout statut ; la permanence d'un nombre très important de couples hétérosexuels non mariés ; enfin l'existence, plus discrète mais bien réelle, de « duos » de cohabitants qui s'entraident pour faire face à leurs difficultés économiques, et qui sont liés par des relations affectives qui ne sont pas nécessairement sexuelles.

Les couples homosexuels

La discussion sur le pacs a révélé à la société française tout entière que la vie en couple homosexuel avait cessé d'être un fait marginal, et qu'elle ne différait pas fondamentalement de la vie en couple hétérosexuel. Deux personnes de même sexe vivent ensemble, liées par un sentiment d'amour, et partagent comme un couple hétérosexuel les dépenses quotidiennes de la vie ordinaire. Dans des circonstances plus exceptionnelles, ces deux personnes ont l'une pour l'autre les gestes de solidarité qui caractérisent une relation privilégiée, un lien social unique au regard de la multiplicité des relations familiales et sociales.

Dès les années 80, alors que l'homosexualité était progressivement mieux acceptée par la société française, des homosexuels et des lesbiennes ont valorisé la vie en couple stable. Ces couples souffraient d'une inégalité de droits, que le sida a révélée de manière dramatique. L'épidémie, apparue en France au début des années 80, a affecté de nombreux couples homosexuels masculins, rendant visible la réalité des liens de solidarité unissant ces couples. Beaucoup de malades du sida ont reçu l'amour et le soutien de leur compagnon durant les souffrances de la maladie et de la mort. Pour certains d'entre eux, cette fidélité tranchait avec l'indifférence ou l'abandon par leur propre famille. Dans ce cas, à la douleur d'une disparition s'ajoutait le scandale d'une injustice. Il est arrivé que des familles indifférentes au sort de leur enfant profitent de la vulnérabilité juridique du compagnon survivant. Le survivant était mis à la porte de son domicile, perdait une partie de ses biens, et tout particulièrement les possessions qui résultaient de la vie commune.

La lutte contre le sida a suscité une forte mobilisation associative. Ce sont des militants bénévoles, majoritairement homosexuels, qui ont les premiers recueilli et fait circuler l'information sur la maladie, et soutenu matériellement et moralement les malades. Le mouvement associatif a précédé la prise de conscience des pouvoirs publics ; il a largement collaboré à la redéfinition des politiques publiques en matière de Santé. Parmi ces associations, l'association Aides, notamment, s'est très tôt préoccupée des problèmes d'ordre juridique auxquels les malades et les personnes séropositives sont confrontés. C'est cependant en dehors des associations de lutte contre le sida que s'est développée l'idée de créer un dispositif juridique nouveau qui puisse concerner la situation des couples homosexuels. Ce sont des militants homosexuels, en relation avec des parlementaires, qui ont réfléchi aux notions de partenariat ou de contrat d'union. Ces dispositifs ont été conçus pour répondre à des questions concrètes révélées par le sida :

si une personne malade est entièrement à la charge de son compagnon, comment lui permettre de bénéficier de sa couverture sociale ? Comment empêcher qu'à la mort de l'un, le survivant ne soit purement et simplement expulsé de leur logement ? En cas de patrimoine commun, comment éviter que le survivant ne soit durement lésé par des prélèvements fiscaux élevés ?

Bien sûr, on peut imaginer des réponses spécifiques, taillées sur mesure, aux situations les plus dramatiques évoquées ci-dessus. Mais ces questions ne concernent pas que des couples homosexuels touchés par le sida : elles se posent pour tous les couples engagés dans une vie commune, sans être mariés. La réflexion sur le contenu du pacte civil de solidarité s'est donc dès l'origine confrontée à l'ensemble des réalités désignées par les termes de cohabitation, de concubinage, d'union libre, réalités rassemblées sous la formule : « Les couples qui ne peuvent pas ou ne veulent pas se marier. » Cette prise en compte de réalités plus larges a permis de dépasser la seule question des couples homosexuels masculins confrontés au sida. Certes, les injustices insupportables que provoquait l'absence de statut des couples touchés par la maladie ont offert un argument politique fort en faveur d'une intervention rapide du législateur. Mais ce combat pour la création du pacs devait se dégager du cadre restreint d'une politique de santé, et ne pas dépendre des aléas de la progression ou de l'évolution de la maladie.

Les couples hétérosexuels

Pour les couples hétérosexuels, le choix de vivre hors mariage est désormais si répandu que l'on peut considérer le concubinage comme un modèle social à part entière de vie à deux. Depuis les vingt dernières années, le nombre de couples non mariés a constamment augmenté. En 1998, il s'élevait à 2,4 millions, le nombre de couples mariés atteignant 12,3 millions. Quelles sont les motivations du choix de vivre hors mariage ? Certaines personnes refusent l'institution du mariage et vivent en union libre pour garder un caractère privé à leur engagement. Dans les années 70 est aussi apparu chez les jeunes l'usage d'une période de cohabitation précédant le mariage : ainsi plus de 90 % des mariages sont précédés par une période de cohabitation. Jusqu'à l'âge de 26 ans pour les femmes et de 28 ans pour les hommes, les personnes vivant en concubinage sont plus nombreuses que les personnes mariées. La période de cohabitation tend d'ailleurs à s'allonger et ne se conclut pas nécessairement par un mariage. De plus, la naissance d'un enfant n'oblige plus comme par le passé à la conclusion d'un mariage : la réforme du droit de filiation a en effet fait disparaître dès 1972 les inégalités de droit qui pesaient autrefois sur les enfants naturels. Plus d'un million de couples non mariés vivent avec un ou plusieurs enfants. Plus de la moitié des premiers enfants naissent d'un couple non marié. Enfin, le choix de vivre à deux hors mariage peut relever du « non-remariage » : le choix de ne pas se remarier est la conséquence d'une expérience malheureuse dans le mariage, ou le souvenir d'un divorce difficile, ou bien encore la volonté de différencier deux unions successives, parfois liée à des convictions religieuses.

Il y a plusieurs décennies, les concubins hétérosexuels connaissaient une situation de vide juridique comparable à celle des concubins homosexuels. En dépit de leur vie commune, les concubins étaient juridiquement deux étrangers l'un à l'autre. Au coup par coup, les concubins hétérosexuels ont bénéficié de certains droits, en particulier dans les domaines touchant à la vie quotidienne. Ces droits résultent soit de la jurisprudence, qui raisonne par imitation du mariage, soit de l'évolution de la loi ; ils n'entrent pas dans une vision d'ensemble des droits et devoirs des concubins, et certains problèmes, comme celui de la transmission des biens, sont totalement négligés. Aussi, lorsque des militants d'associations homosexuelles ont voulu porter remède à la vulnérabilité juridique des couples homosexuels, ils ont d'emblée constaté que cette vulnérabilité était partagée par les concubins hétérosexuels. Du point de vue de la fiscalité, ou des problèmes posés en cas de rupture ou de décès, les concubins homosexuels et hétérosexuels vivaient une situation très inégalitaire par rapport aux couples mariés. Bien sûr on pouvait répliquer aux concubins hétérosexuels : « Vous n'avez qu'à vous marier. » Mais c'était alors leur imposer une adhésion à un type d'engagement qu'ils refusaient. De manière évidente, il s'agissait aussi bien dans le cas du concubinage hétérosexuel que dans le cas du couple homosexuel de défendre la liberté de choix de chacun dans l'organisation de sa vie intime.

Pourtant, quelle que soit l'analogie des situations juridiques, on peut se demander pourquoi les inventeurs du pacs ont, dès l'origine et sans hésitation, conçu l'idée d'un cadre qui s'appliquerait à ces deux situations. Après tout, la question du couple homosexuel a été posée dans un contexte précis : la mobilisation d'un grand mouvement social, le mouvement homosexuel, engagé depuis plusieurs décennies, successivement ou simultanément, dans la lutte contre les discriminations, contre le sida et pour la visibilité. À l'inverse, la situation des concubins hétérosexuels n'a jamais provoqué l'émergence d'un mouvement social ou d'une expression politique spécifique. Alors comment expliquer la rencontre de ces deux revendications, de ces deux nécessités qui ne s'exprimaient pas selon les mêmes modalités ?

Un même statut pour des couples différents

À cela, il y a plusieurs réponses, qui tiennent à l'expérience politique des inventeurs du pacs. Tout d'abord, il est bon de connaître ou de se remémorer les grands débats de société déclenchés par les événements de Mai 68, et qui se sont perpétués durant les années 70. On s'aperçoit alors que le mouvement homosexuel a pris son essor dans une grande complicité idéologique avec le féminisme. Le féminisme des années 70 a remis en cause les rôles sociaux distribués entre les hommes et les femmes, et contesté certaines représentations de l'identité féminine qui légitimait le maintien des femmes dans une infériorité économique et civile. Les groupes homosexuels de cette même époque, en combattant la répression dont les homosexuels étaient l'objet, se sont associés à la dénonciation des valeurs patriarcales ; être fier d'être homosexuel, combattre toute répression de l'homosexualité, c'était aussi participer à un combat plus large : le combat contre les discours normatifs sur la sexualité, le combat pour le libre usage de son corps, le combat contre les relations de domination entre les hommes et les femmes. Vingt ans plus tard, des militants homosexuels qui voulaient modifier la place de l'homosexualité dans le droit ne pouvaient, s'ils étaient dotés d'un minimum de mémoire politique, se désintéresser de la situation des couples hétérosexuels et ignorer les efforts de millions de couples qui faisaient l'expérience de nouveaux modes relationnels entre hommes et femmes.

De plus, parmi les inventeurs du pacs figurent d'anciens militants du CUARH, le Comité d'urgence anti-répression homosexuelle créé en 1979. Cette organisation, entre autres objectifs, eut pour ambition la disparition de l'alinéa 2 de l'article 331 du code pénal, interdisant toute relation homosexuelle avec un(e) mineur(e) de moins de 18 ans, l'âge licite pour une relation hétérosexuelle étant de quinze ans. Suite au combat du CUARH, l'article fut supprimé en août 1982. Cette suppression a marqué la disparition de la dernière disposition pénale qui distinguait les relations homosexuelles et les relations hétérosexuelles, dans un sens évidemment défavorable aux relations homosexuelles. Il est alors paru clairement aux militants engagés dans ce combat que toute distinction juridique faite entre homosexualité et hétérosexualité avait des conséquences fâcheuses. Cette expérience a forgé une conviction : le droit doit être indifférent à l'orientation sexuelle, la loi n'a pas à distinguer tel ou tel type de sexualité. En conséquence, même si couples homosexuels et couples hétérosexuels sont objectivement différents, répondre à leur besoin juridique commun par des statuts distincts aurait été à l'encontre des enseignements du passé et aurait constitué un dangereux retour en arrière.

Il est vrai que la démarche des inventeurs du pacs a un temps rencontré l'incompréhension de certaines composantes du mouvement homosexuel qui ne bénéficiaient pas de cette expérience politique passée. Dans le contexte des années 90, le souvenir des législations discriminatoires s'est éloigné, et beaucoup d'associations homosexuelles et de lutte contre le sida se sont engagées dans le combat pour la visibilité. L'objectif de ce combat est d'obtenir que toute personne vivant son homosexualité ne soit pas obligée de le faire dans la clandestinité, mais puisse au contraire l'assumer publiquement dans sa vie sociale ordinaire. Obnubilés par cette priorité, certains ont ignoré la portée du pacs et l'enjeu d'un progrès concernant aussi bien les concubins hétérosexuels que les couples homosexuels. Ils n'ont vu dans le pacs qu'une volonté de « noyer le poisson » de l'homosexualité et de sa reconnaissance dans un cadre moins compromettant. Rétrospectivement, on s'aperçoit que c'est exactement le contraire qui s'est produit. Le débat sur le pacs, en particulier dans les deux années qui ont précédé son adoption définitive, a été l'occasion de parler d'homosexualité devant un très large public : l'existence des couples homosexuels est désormais un fait connu de tous et accepté par le plus grand nombre.

De surcroît, c'est précisément la volonté de ne pas différencier juridiquement le lien homosexuel du lien hétérosexuel qui a cristallisé un large éventail d'oppositions. On a beaucoup entendu la part la plus radicale de ces oppositions : le débat sur le pacs a donné lieu à de franches manifestations d'homophobie. Sous ce terme, créé il y a une dizaine d'années, est rassemblé de manière très large tout ce qui relève de l'agressivité et des attitudes haineuses à l'égard des homosexuels et des lesbiennes. Dans les manifestations de rue et jusque dans l'enceinte de l'Assemblée nationale ont été proférés des propos injurieux tels que « les tantes vont pouvoir se marier » ou « les pédés au bûcher ». Les associations homosexuelles, avec le soutien d'une large partie de l'opinion publique, se mobilisent aujourd'hui contre cette homophobie. Or, au-delà de la franche hostilité à l'égard des comportements homosexuels, se sont aussi révélées, à l'occasion de ce débat, des conceptions plus nuancées, mais qui méritent tout autant d'être combattues. La leçon du pacs est aussi d'interroger les convictions de cette part de l'opinion publique, de ces associations familiales, de ces anthropologues, sociologues ou psychanalystes qui se sont déclarés tout à fait prêts à la reconnaissance juridique du couple homosexuel, sous réserve que cette reconnaissance prenne la forme d'un statut spécifique.

Ceux qui prônent la différenciation juridique des couples homosexuels et hétérosexuels la justifient au nom d'une différence essentielle, relevant d'une réalité supérieure et irréfutable. Les uns assurent que les unions homosexuelles sont le signe d'une limitation : l'incapacité à « accéder à l'altérité sexuelle » ; les autres ne jurent que par l'utilité sociale des couples, évidemment reconnue aux seuls couples hétérosexuels unis en vue de procréer. Cette volonté de différencier couples homosexuels et couples hétérosexuels va de pair avec une vision naturaliste et figée du couple hétérosexuel. La représentation de l'altérité sexuelle n'est jamais très éloignée d'une vision où la femme, dans sa différence, est forcément plus faible et plus vulnérable que l'homme. Et les parlementaires de l'opposition ont souvent prophétisé, sans aucun sens du ridicule, que le pacs donnerait l'occasion à des vieux barbons de séduire de frêles étudiantes, qu'ils s'empresseraient à la première ride d'abandonner avec enfants dans la misère. Quant à ceux qui discriminent les couples en fonction de leur utilité sociale, ils ne reconnaissent généralement cette utilité qu'aux couples hétérosexuels stables avec enfants, excluant de leur modèle social des millions de familles monoparentales, de familles recomposées et de personnes vivant à deux.

Les couples de solidarité

Mettre sur le même plan couples homosexuels et hétérosexuels a permis d'appréhender la diversité des modes de vie, et de mesurer le décalage entre les normes juridiques et culturelles, pour lesquelles le mariage reste le modèle de référence, et la réalité des modes de vie à deux. En s'interrogeant sur la nature du lien social que fonde un couple, en mesurant ses effets en termes de solidarité économique et morale, on s'est aperçu que la vie à deux était un cadre auquel la société donnait une importance grandissante. Ce modèle s'applique au-delà des couples unis par un lien amoureux et sexuel et concerne aussi les duos réunis par une communauté de vie. Certes l'idée que deux amis puissent s'entraider n'est pas nouvelle ; des cohabitations pour des raisons de commodité ont toujours existé. Mais la force du modèle de vie à deux a favorisé le désir d'organiser une vie commune autour de ces projets de solidarité. À cela s'est ajoutée l'aggravation de la crise économique et du chômage dans les années 90, qui a encouragé l'apparition de solidarités d'individu à individu.

Certains opposants au pacs ont évoqué avec la plus grande condescendance cette catégorie de situations ; évidemment, les personnes âgées ou en grande précarité descendent rarement dans la rue, et l'expression de leurs difficultés trouve peu de relais politiques. Et pourtant, la réalité demeure. Il suffit pour le seul cas des personnes âgées de prendre en considération l'allongement de la durée de vie, très différenciée selon le sexe. Les femmes ont près de dix ans d'espérance de vie de plus que les hommes. Il n'est donc pas exceptionnel que deux veuves, confrontées à la solitude, aux difficultés économiques, et qui cependant ne souhaitent pas vivre dans des institutions réservées aux personnes âgées, choisissent de vivre ensemble.

Les personnes engagées dans ces projets communs de vie sont exposées aux mêmes déboires juridiques que les concubins. À cette vulnérabilité s'ajoute l'absence totale de reconnaissance de la valeur sociale du lien qu'elles établissent. Dans toutes les situations de cohabitation, les difficultés précédemment décrites pour les concubins se manifestent à l'identique : si l'un des cohabitants décède, se pose pour le survivant le problème de la transmission du bail, celui de la taxation très élevée qui grève d'éventuelles transmissions de biens, et de surcroît le problème que constitue l'inexistence de la relation au regard des tiers, en particulier de la famille du partenaire décédé. Lorsque la cohabitation résulte de l'hébergement d'une personne en difficulté, celui qui héberge ne peut déclarer l'hébergé à sa charge ou faire prendre en considération les conséquences financières de sa solidarité. La personne à sa charge peut en revanche être ayant droit de son assurance-maladie à l'issue d'un délai d'un an. Cette possibilité, que l'action du Collectif pour le pacs a permis d'inscrire dans la loi en décembre 1992, résulte précisément de la réflexion d'ensemble menée sur les cadres de la vie à deux. La conclusion d'un pacs permet désormais à l'un des signataires de bénéficier immédiatement de la couverture sociale de son partenaire de pacs, s'il est à sa charge effective et totale.

Ce n'est pas le moindre mérite du débat sur le pacs d'avoir contribué à la mise en visibilité de ce type de lien social, pratiqué par une partie de nos concitoyens mais que personne ne songe à valoriser. Il est significatif que les sénateurs de droite, engagés dans des manœuvres visant à faire échouer le pacs, n'aient cependant pu ignorer cet aspect de la réalité, et aient été conduits à proposer un certain nombre de mesures telles qu'un abattement fiscal pour un contribuable hébergeant une personne au revenu inférieur au RMI, ou un allégement des prélèvements fiscaux sur la part léguée à un légataire désigné au préalable. Paradoxe des péripéties du débat politique, la démarche du Sénat a prouvé la légitimité et la pertinence du pacs vis-à-vis des couples de solidarité.

Enfin, dans le texte de loi adopté en première lecture à l'Assemblée nationale, certaines dispositions du pacs s'appliquaient à deux frères, à deux sœurs ou à un frère et une sœur résidant ensemble. Ils auraient pu par exemple bénéficier de l'imposition commune. Cette extension du pacs aux fratries n'a finalement pas été retenue. Mais elle aura permis d'évoquer l'existence d'un problème assez spécifique, qu'une prochaine loi pourrait régler.

On peut s'étonner une nouvelle fois de l'ampleur de vue des inventeurs du pacs. Non contents de mettre sur le même plan couples homosexuels et couples hétérosexuels, ils ont de surcroît tiré les conséquences des analogies de fait que présentent les conditions de vie des duos de cohabitants avec celles des couples. Il serait paradoxal d'expliquer cette démarche par de simples considérations de tactiques politiciennes : l'évocation des duos de personnes que n'unit pas un lien charnel a semé le trouble dans un certain nombre d'esprits, et il a fallu de solides convictions pour ne pas sacrifier ces catégories au discours dominant, pour lequel le lien social de base à partir duquel tout adulte organise son existence est nécessairement et tout au long de sa vie le lien amoureux et sexuel. Une anecdote éclaire à elle seule l'origine de ces convictions. Jan-Paul Pouliquen, président du Collectif pour le pacs, a participé dans son adolescence à une association au service des personnes âgées ; il put se rendre compte de la manière dont beaucoup de femmes étaient confrontées au veuvage. Cette rencontre et cet engagement lui ont permis de prendre conscience d'une réalité mal connue, et d'être convaincu que cette réalité méritait d'être prise en compte.

Au demeurant, l'expérience des modes de vie homosexuels a pu contribuer à une meilleure prise en compte de la diversité des modes de vie à deux, et de la nécessité de les inscrire dans un cadre juridique universel.

Ainsi cette diversité ne tient pas uniquement à la multiplicité des raisons, d'amour, de désir ou d'intérêt, qui sont à l'origine de la vie à deux. Au sein même d'une relation, la nature du lien peut évoluer au cours du temps : tel couple dont la fondation s'est réalisée à travers une démarche amoureuse peut perdurer dans une affection profonde proche de l'amitié. Tels cohabitants qui s'étaient rencontrés pour partager le loyer peuvent évoluer vers le couple et avoir des enfants. Cette diversité fait écho à la façon de vivre partagée depuis plusieurs décennies par beaucoup d'homosexuels et de lesbiennes. Le philosophe Michel Foucault a évoqué, avec d'autres écrivains, ces expériences de rencontre sur une base amoureuse, voire purement sexuelle, et qui se transforment en un lien d'amitié et d'intimité affective [1]. Les homosexuels et les lesbiennes ont en outre une expérience originale de la solidarité entre différentes générations : dans un contexte où de jeunes gays ou lesbiennes ont été souvent rejetés par leur famille lorsqu'ils découvraient leur sexualité, il n'est pas rare qu'ils aient répondu à cet abandon en construisant des relations durables avec des aîné(e)s rencontrés dans la communauté homosexuelle [2].

Les couples et le droit

Le pacs a fait débat. Un débat âpre, passionné, qui a permis à des millions de Françaises et de Français de s'informer et de s'interroger sur leurs manières de vivre, et de se reconnaître mutuellement dans leurs diversités. Aussi bien les défenseurs que les opposants du pacs se sont entendus sur l'origine et la portée du projet : le pacs

1. « Ce vers quoi vont les développements du problème de l'homosexualité, c'est le problème de l'amitié », déclare-t-il dans l'entretien intitulé « De l'amitié comme mode de vie », paru dans le journal *Gai Pied*, n° 25, avril 1981, repris dans Michel Foucault, *Dits et Écrits*, Gallimard, 1994, tome IV, pp. 163-167.

2. Un roman récemment paru de Cécile Varfaftig retrace avec humour la diversité des relations, amoureuses, amicales, intergénérationnelles qui se construisent autour du personnage d'une jeune femme, professeur de cuisine et lesbienne. Cécile Varfaftig, *Laisser frémir*, Julliard, 1999.

répond à une revendication de reconnaissance du couple homosexuel ; il a été élaboré pour s'adresser à tous les couples non mariés. La question des couples de solidarité a été perçue de manière plus contrastée. Mettre sur le même plan les couples et les cohabitants sans lien charnel a suscité plusieurs oppositions. Parmi ceux qui espéraient l'adoption du texte, certains pensaient que la présence des « non-couples » affaiblirait la dimension de reconnaissance symbolique dont le pacs est porteur. Les adversaires acharnés du projet tiraient quant à eux argument de l'évocation des duos de solidarité pour qualifier le pacs de « fourre-tout juridique ». Quelle leçon retenir de cette controverse ?

D'après les explications données par Élisabeth Guigou à l'ouverture de la deuxième lecture de la proposition de loi à l'Assemblée nationale, le pacs s'adresse avant tout à des couples qui entendent partager une communauté de lit. « Mais aucun contrôle sur les modalités de vie des intéressés ne saurait être opéré sous peine de violation de la vie privée. Il pourra donc y avoir des situations vraisemblablement limitées, où le pacte civil de solidarité sera conclu entre des personnes que n'unit aucun rapport charnel [1]. »

Cette analyse est reprise dans les observations que le gouvernement a transmises au Conseil constitutionnel, suite à la saisine de ce dernier par des parlementaires opposés au pacs, en octobre 1999. Il est précisé : « La conclusion d'un pacte civil de solidarité par deux personnes suppose qu'il existe entre elles des liens étroits. La loi n'oblige pas les pactisants à avoir entre eux des relations sexuelles, contrairement au mariage qui impose une communauté de vie impliquant une relation charnelle. *A fortiori*, elle ne pose pas d'obligation de fidélité mutuelle [2]. » Les empêchements à contracter un pacs étaient par contrecoup justifiés ainsi : « Le

1. Mardi 30 mars 1999, discussion en deuxième lecture de la proposition de loi relative au mariage, au concubinage et aux liens de solidarité.

2. « Observations du gouvernement », décision 99-419 du Conseil constitutionnel du 9 novembre 1999.

législateur a cependant bien été conscient que, dans la plupart des cas, cette nouvelle catégorie de contrat sera conclue entre deux adultes partageant un même lit. Il a donc entendu éviter qu'elle soit utilisée pour tourner les règles et, en particulier, les interdictions, applicables au mariage [1]. »

La garde des Sceaux justifiait donc l'extension du pacs aux couples de solidarité par le respect de la vie privée. Cette approche amène à réfléchir à la difficulté de légiférer sur l'organisation intime de la vie des gens. La loi définit un certain nombre de règles, qu'elle fait respecter par un certain nombre de contraintes. Jusqu'à quel degré d'intimité peuvent porter ces règles, quel moyen de contrôle la société se donne-t-elle pour les faire appliquer ? Ainsi, les sentiments qui s'expriment entre deux personnes, les relations physiques qu'elles partagent, peuvent-elles être l'objet du droit ?

À ces questions très générales, toujours ouvertes et qui portent en particulier sur les fondements du droit, l'adoption du pacs a apporté des éléments de réponse très concrets. La partie de cet ouvrage consacrée aux acteurs du débat sur le pacs expose en détail les thèses de certains experts se réclamant de l'anthropologie, de la psychanalyse ou de la sociologie. À en croire ces experts, le droit aurait pour fonction de se substituer à d'autres normativités sociales qui se trouveraient dans un état d'anarchie grandissante [2]. Le droit devrait donner des repères sur ce que c'est qu'un couple – entendons : un couple psychologiquement, anthropologiquement, symboliquement normal. Ces experts n'ont d'ailleurs pas renoncé à proclamer que le pacs, tel qu'il est à présent entré en vigueur, exclut les couples ne relevant pas d'une communauté de lit.

Pourtant la volonté du législateur s'est clairement exprimée. Le Conseil constitutionnel lui en a donné

1. *Ibid.*
2. Cette excellente formulation est de Marcela Iacub, qui dénonce ce type de conceptions, in M. Iacub, « Le couple homosexuel, le droit et l'ordre symbolique », *Le Banquet*, 1er et 2e semestre 1998, n° 12 et 13, pp. 111-124.

acte, en considérant que le législateur n'avait pas méconnu l'étendue de la compétence qu'il tenait de la Constitution : « Sans définir expressément le contenu de la notion de vie commune, le législateur en a déterminé les composantes essentielles [1]. » Ces composantes sont exposées dans les dispositions du texte de loi, éclairées par les débats parlementaires à l'issue desquels elles ont été adoptées. Encouragé par la dynamique unifiante du droit, le législateur a donc traité dans un même cadre juridique des situations que notre société d'aujourd'hui perçoit de manière différenciée.

Cela est possible parce que le droit conserve une certaine autonomie par rapport à la représentation que nous nous faisons de notre présent immédiat. Le droit ne vise pas à donner une représentation complète et détaillée de la réalité. Il utilise des catégories générales et abstraites, en ignorant souvent les déterminations subjectives particulières. Ce n'est pas sans inconvénient : certaines catégories de la population sont parfois les victimes d'une forme d'aveuglement du droit qui prend prétexte de l'universel pour ignorer les discriminations dans les faits. Cependant, cette autonomie du droit présente aussi des avantages : une loi qui s'efforcerait de régler dans les détails tous les comportements présents et à venir, conformément à la perception qu'en auraient ses auteurs au moment de son adoption, ne durerait guère. C'est au contraire leur abstraction formelle qui permet aux instruments juridiques d'avoir une signification durable dans des contextes divers [2].

Car les manières de vivre et de se comporter des êtres humains, les problèmes qu'ils rencontrent, ne sont pas immuables et figés. Ce qui fait la force d'un droit vivant, c'est sa capacité à préparer les décisions futures, à servir d'outil de conciliation ou de régulation dans des situations que nos contemporains commencent à imagi-

1. Décision 99-419 du Conseil constitutionnel du 9 novembre 1999.

2. Cette conception du droit est développée par Yan Thomas, *op. cit.*, et Y. Thomas, « Le sujet de droit, la personne et la nature », *Le Débat*, n° 100, mai-août 1998. Gallimard, pp. 85-107.

ner. À l'invention des rapports sociaux vient de répondre l'invention d'un nouvel instrument juridique. Qu'est-ce qu'une invention ? C'est une création dont on peut cerner l'origine : il y a des problèmes que l'on veut résoudre, une réflexion qui s'engage, des stratégies de mise au point. Mais une invention est aussi la promesse d'effets nouveaux et inattendus. Un outil offert au futur, un horizon qui se découvre, et dont l'exploration n'est pas achevée. Le pacs a été conçu pour résoudre certains problèmes. Il a été aussi voulu pour accompagner les évolutions de notre société, y compris les moins prévisibles.

Une leçon politique

Résumons l'histoire du pacs en quelques mots. À l'origine, quelques militants associatifs, issus d'associations homosexuelles, se sont rencontrés autour d'une même perception d'un problème social : la situation juridique des couples hors mariage, et ont élaboré une solution originale : la proposition d'un statut juridique nouveau. Ce petit groupe de personnes convaincues a entamé un long travail politique, épaulé par le mouvement associatif homosexuel, et relayé par des parlementaires et des militants politiques. La ténacité des uns et des autres a permis que cette idée initiale aboutisse à l'adoption définitive d'une loi par l'Assemblée nationale.

Ce résumé d'une démarche longue de presque dix ans fait naître une série de questions. Comment la conviction de quelques-uns peut-elle aboutir à une création juridique aussi considérable que celle du pacs ? Comment une idée peut-elle finalement se concrétiser en une décision politique ? Et ce qui s'est passé pour le pacs pourrait-il se reproduire dans d'autres domaines, s'appliquer à d'autres problèmes de société ? Cette dernière question est décisive : la France n'est pas avare de problèmes sociaux, d'inégalité, d'injustices. Elle n'est pas davantage avare de solutions : il ne manque pas de Françaises et de Français imaginatifs, prêts à défendre leurs propositions, leurs idées de réforme, leur idéal d'un monde plus juste. Pourtant bien peu de ces idées aboutissent ! Bien peu connaissent le sort du pacs, une bonne idée qui n'a pas fini dans un tiroir ! Voilà pourquoi il y a des leçons à tirer de l'histoire du pacs. Essayons de comprendre la manière dont cette idée est devenue réalité. Essayons à travers cet exemple de comprendre comment fonctionnent aujourd'hui nos institutions politiques. Car cette compréhension pourra soutenir d'autres espoirs et inspirer d'autres avancées.

L'intention n'est pas d'écrire ici que nos institutions politiques fonctionnent bien ou mal, qu'elles sont justes et utiles, ou inégalitaires et tyranniques. L'intention est d'éclairer pragmatiquement la manière dont elles ont fonctionné lors de l'élaboration du pacs. Et ces propos s'adressent bien évidemment à toutes celles et ceux qui agissent dans le cadre d'associations, de partis, de syndicats, de mouvements de toute nature, et que réunit la volonté de transformer notre présent et de contrer l'injustice. En effet, les stratégies de ces organisations sont largement tributaires, tout d'abord, évidemment, de l'objectif qu'elles poursuivent, ensuite, de la manière dont leurs partisans s'imaginent le fonctionnement des institutions politiques.

Dans le cas du Collectif pour le pacs, l'objectif se résumait à quelques mots : faire adopter une loi. La manière d'y parvenir reposait sur une vision tout aussi simple des institutions politiques : ce sont les parlementaires qui votent les lois ; il fallait donc élaborer un texte qui puisse être voté par une majorité de députés. Comme les parlementaires sont des élus du suffrage universel, ils reflètent et représentent la volonté nationale. Envisagé de façon pragmatique, cela implique qu'ils n'approuveraient pas un texte en total désaccord avec ce qu'ils perçoivent de la volonté ou de l'opinion de leurs électeurs. Il fallait donc convaincre l'opinion publique du bien-fondé de ce projet, ce qui a exigé un travail spécifique d'explication par l'intermédiaire de la presse et des médias audiovisuels. Mais il fallait aussi encourager le plus grand nombre de citoyens, quels que soient leurs titres, leur qualité sociale ou leur renommée, à s'adresser à leurs élus pour faire connaître leur soutien au projet.

Certes, cette stratégie du Collectif manifestait un grand optimisme à l'égard de nos institutions politiques. Elle présupposait qu'un parlementaire, quelles que soient ses convictions idéologiques, ne pouvait complètement ignorer la réalité sociale vécue par ses électeurs. Les péripéties de l'adoption du pacs amènent évidemment à nuancer cette vision, sans pour autant y renoncer.

Une des contraintes qui relativisent le lien entre les décisions d'un élu et la volonté de ses électeurs est la logique de l'appartenance politique et de la discipline des partis. Or il est possible de prendre en compte d'un côté la loyauté des élus parlementaires à l'égard de leurs organisations politiques, loyauté qui est un des éléments importants de notre système politique, de l'autre l'intelligence personnelle de chaque élu et sa marge de manœuvre individuelle. Ainsi, l'engagement du parti socialiste en faveur du pacs a été une condition déterminante de son adoption, et cet engagement résulte du travail spécifique mené par des militants socialistes, au premier rang desquels Adeline Hazan, à l'intérieur de leur propre parti. D'un autre côté, les convictions de Roselyne Bachelot en faveur du pacs, qui l'ont amenée à voter pour le texte en dépit de son appartenance au RPR, relevaient d'une démarche plus individuelle.

Une seconde remarque vient nuancer la primauté reconnue au pouvoir de décision des parlementaires. Elle porte sur le rôle joué par le gouvernement, maître de la quasi-totalité de l'ordre du jour des travaux parlementaires et qui détient un large contrôle sur le pouvoir de légiférer. Un texte de loi ne peut aboutir que si les partis de la majorité et le gouvernement sont en accord sur l'essentiel. Cette condition s'est évidemment appliquée au texte du pacte civil de solidarité ; la discussion du texte par les députés a débuté à l'initiative du groupe socialiste avec l'accord du gouvernement sur son contenu ; ce contenu résulte en bien des détails des discussions menées entre les ministères concernés. Ce fut l'une des tâches du Collectif pour le pacs, en amont de la discussion parlementaire, de convaincre les différents ministres et leurs conseillers, en défendant mot après mot les dispositions essentielles du texte.

La marge de manœuvre des élus est donc limitée. Faut-il pour autant imaginer que tout se joue en dehors de l'Assemblée nationale et du Sénat ? En fait, la part d'initiative des élus est plus ou moins grande suivant les textes. À cet égard le cas du pacte civil de solidarité a été exceptionnel, car il s'est agi d'une « proposition de loi » et non d'un « projet de loi ». Une proposition de loi est un texte déposé par des parlementaires, un projet de loi est un texte présenté par le gouvernement. Or c'est la première fois sous la Ve République qu'est discutée et votée une proposition de loi, c'est-à-dire un texte d'origine parlementaire et non gouvernementale, de cette envergure. La réforme de l'ordre du jour de l'Assemblée, avec l'apparition des séances mensuelles réservées à l'examen des propositions (article 48 de la Constitution), a permis que l'on discute davantage des propositions de lois ; dans le cas du pacs, cette possibilité a été pleinement utilisée, au point de déclencher un processus politique au cours duquel le Parlement a fait valoir ses droits et réaffirmé de manière remarquable sa légitimité [1].

De ce point de vue, l'histoire du pacs est aussi celle d'une alliance entre des parlementaires et des militants associatifs qui partageaient la même conception de la légitimité politique. À des militants qui considéraient que « c'est le Parlement qui fait la loi », il s'est trouvé des parlementaires pour répondre « chiche ».

1. Voir les explications données par Jean-Pierre Michel et Patrick Bloche, rapporteurs de la proposition de loi, lors de l'entretien reproduit à la fin de l'ouvrage.

Tout aurait pu se passer différemment. Après tout, il est d'autres façons de faire une loi. Le plus souvent, les lois ont une origine gouvernementale, et les parlementaires jouent un rôle secondaire dans leur élaboration. Ainsi, lorsqu'il s'agit de réformes touchant à la société et qui sont susceptibles de provoquer des débats d'idées passionnés, le gouvernement fait généralement intervenir des experts dans le processus de rédaction de la loi. Des spécialistes du problème posé, par exemple des sociologues, des juristes, mais aussi des hauts fonctionnaires ou des élus, sont chargés à titre individuel d'une mission ou d'un rapport, ou bien sont réunis au sein d'une commission. Ils organisent alors la consultation d'autres experts, entendent les interlocuteurs qui leur paraissent pertinents, et rédigent leurs recommandations. C'est par exemple le processus qui a été respecté pour la réforme du code de nationalité. Plus généralement, il apparaît que les gouvernements de la Ve République ont systématiquement privilégié ce mode d'élaboration des réformes qui valorise la sollicitation d'experts par le pouvoir exécutif.

Le pacs a échappé à cette habitude. La demande d'expertise de la part du pouvoir exécutif s'est limitée à la demande formulée en 1996 par Jacques Toubon, alors ministre de la Justice, d'une étude sur les conséquences financières de la séparation des couples, étude confiée au groupement d'intérêt public « Mission de recherche Droit et Justice ». Un comité de réflexion, issu de ce groupe et présidé par Jean Hauser, professeur à la faculté de droit de Bordeaux, a finalement recommandé la création d'un « Pacte d'intérêt commun ». De son côté, la sociologue Irène Théry, qui s'était vu confier par le gouvernement, en janvier 1998, une mission de réflexion sur les politiques dans le domaine de la famille, avait de sa propre initiative élargi cette réflexion à la question du statut des concubins de même sexe ou de sexe différent. Ces rapports ont indéniablement alimenté les débats sur l'opportunité de créer un nouveau cadre juridique. Mais, en juin 1998, le gouvernement a définitivement tranché en faveur du processus parlementaire ; ce sont les différentes propositions de lois déposées au début de la nouvelle législature qui ont servi de canevas à la rédaction du texte final ; la commission des Lois et celle des Affaires culturelles, familiales et sociales ont gardé la maîtrise de cette rédaction, utilisant pleinement les compétences juridiques des administrateurs de l'Assemblée nationale affectés à ces commissions.

L'exemple du pacs révèle donc l'existence de plusieurs modèles qui peuvent présider à l'élaboration d'une grande réforme. L'âpreté des débats parlementaires et des débats dans la presse a aussi révélé le différend qui règne sur la légitimité respective de chaque modèle. En fait, au conflit qui s'est ouvert sur le contenu du pacs et sur la reconnaissance des couples hors mariage s'est superposé un second conflit, qui portait sur les modalités mêmes de l'élaboration de la loi. Et les critiques sur la légitimité de ce processus ont été formulées non seulement par l'opposition de droite, mais aussi par certains partisans de la reconnaissance du couple homosexuel, favorables au pacs ou à des projets alternatifs.

Quelles ont été les différentes critiques adressées par les parlementaires de l'opposition aux rapporteurs Jean-Pierre Michel et Patrick Bloche, concernant le processus de création du pacs ? On peut les rassembler en quelques questions. Pourquoi ne pas laisser la jurisprudence faire évoluer le droit ? Pourquoi le gouvernement n'a-t-il pas déposé un projet de loi ? Pourquoi ne pas avoir procédé à une vaste consultation des experts, c'est-à-dire de tous les juristes spécialistes de droit civil, les sociologues, les psychanalystes, les anthropologues, etc. ? Analysons ces différentes questions de manière à révéler les principes de légitimité qu'elles mettent en œuvre.

« Pourquoi ne pas laisser la jurisprudence faire évoluer le droit ? » Effectivement, la jurisprudence a progressivement reconnu aux concubins un certain nombre de droits initialement réservés aux seuls couples mariés. On se souvient que la Cour de cassation avait en 1989 exclu les concubins homosexuels du bénéfice de cette évolution. Nous allons revenir sur la manière dont la majorité sénatoriale envisageait de remettre en cause cette exclusion. Interprétons d'abord cette confiance en l'évolution de la jurisprudence : il s'agit de laisser les juges décider eux-mêmes comment il convient de s'adapter aux transformations des mœurs et de la société. Or les juges décident dans le cadre du droit existant. Ce ne sont pas eux qui procèdent aux inventions juridiques dont le législateur peut avoir l'initiative. Dans cette confiance manifestée à l'égard de la jurisprudence, dans cette responsabilité laissée aux juges de décider de l'évolution du droit, il y avait de la part des parlementaires de l'opposition le refus d'exercer les prérogatives du législateur, c'est-à-dire d'utiliser leur droit à créer un nouvel outil juridique.

« Pourquoi le gouvernement n'a-t-il pas déposé un projet de loi ? » En formulant cette critique, les députés et sénateurs de l'opposition ont souligné qu'une telle démarche aurait amené le texte à être soumis au Conseil d'État, qui aurait en quelque sorte fait subir au texte une expertise juridique. Ce rôle prêté au Conseil d'État mérite discussion : correspond-il vraiment à la pratique en usage, qui veut que le Conseil d'État donne des avis au gouvernement sur la rédaction des textes, avis confidentiels et non contraignants ? Derrière ce recours imaginaire au Conseil d'État on peut entendre la volonté de faire appel à une instance d'experts, qui sous couvert d'expertise technique aurait tranché sur le fond.

« Pourquoi ne pas avoir procédé à une vaste consultation des experts ? » Tirant les conséquences de cet argument, le Sénat a montré la voie, et s'est offert le luxe d'une grande consultation, soigneusement mise en scène, sous la forme d'auditions publiques menées en janvier 1999. Étrangement, parmi les experts et les responsables associatifs auditionnés, le secrétaire général du Collectif pour le pacs fut le seul à soutenir clairement et sans ambiguïté le texte de la proposition de loi. Et Patrice Gélard, rapporteur de la commission des Lois du Sénat et hostile au projet, a pu conclure dans *Le Figaro* du 11 mars 1999 qu'aucune personne auditionnée n'était satisfaite du texte de l'Assemblée nationale. Il y avait bien sûr dans cette conclusion une espèce de tour de passe-passe. Un certain nombre de personnes auditionnées entendaient défendre les droits de la minorité homosexuelle en revendiquant l'ouverture aux gays et lesbiennes du mariage et de la filiation. Dans l'esprit de ces revendications, ils qualifièrent le texte du pacs « d'incohérent et d'insaisissable [1] ». Ce faisant, ils collaboraient de leur plein gré à une entreprise dont les objectifs étaient contraires aux leurs : faire échouer l'adoption du pacs et bloquer le processus de reconnaissance du couple homosexuel. On pourrait s'interroger sur cette contradiction inhérente à certaines conceptions du rôle de l'expert. Observons pour le moment la finalité du mécanisme mis en place par la commission des Lois du Sénat. Il s'agissait de faire la preuve, au sein d'une instance d'expertise, qu'une majorité d'experts s'était prononcée contre le pacs.

Cette stratégie visait en quelque sorte à substituer un lieu de décision à un autre, en suggérant que la décision devait revenir aux experts plutôt qu'aux parlementaires. En cela, le processus d'adoption du pacs est aussi un révélateur des affrontements qui ont pour enjeu la manière dont notre société détermine les normes de comportements qu'elle admet en son sein. En effet, le débat sur le pacs a été ce qu'on a coutume d'appeler « un débat de société », à l'égal des très vifs débats qui eurent lieu dans le passé, sur la dépénalisation de l'avortement, sur la réglementation de l'usage des contraceptifs, sur les réformes successives du divorce – pour ne parler que des débats les plus récents.

1. Ce sont les termes utilisés durant l'audition par Éric Fassin, professeur de sociologie à l'École normale supérieure, et repris dans une tribune publiée par *Le Monde* du 16 février 1999.

Qu'est-ce que ces thèmes présentent de commun ? Dans tous les cas, il s'est agi de légiférer, c'est-à-dire d'énoncer de nouvelles normes juridiques. Mais il s'est agi de surcroît de domaines où le simple fait de légiférer entraîne la reconnaissance d'actes ou de modes de vie préalablement réprouvés socialement. Dans le cas du pacs, ce processus de reconnaissance est un modèle du genre puisqu'il a pour effet de soumettre à une norme juridique universelle différents comportements dont la perception et l'acceptation sociale sont fortement différenciées : le concubinage hétérosexuel, qui demeure stigmatisé par une partie certes peu nombreuse et plutôt âgée de la population française, le concubinage homosexuel, notoirement moins admis que le précédent, et enfin les couples de solidarité, en particulier chez les personnes âgées, dont la visibilité sociale était quasi nulle, et que le débat sur le pacs a enfin permis d'évoquer. Il y a donc dans ces différents débats non seulement confrontation de la norme juridique avec la réalité des comportements mais aussi confrontation de la norme juridique avec les normes sociales et morales. Il n'est pas excessif d'affirmer que dans le cas du pacs, comme dans le cas de la loi Veil sur l'interruption volontaire de grossesse ou de la loi Neuwirth sur la vente de moyens contraceptifs, la décision politique a remis en cause les conceptions implicitement admises de notre vie sociale.

Cela ne signifie pas que ces réformes aient un effet automatique sur les normes sociales. Même la réforme du divorce, ancienne de plusieurs décennies, semble toujours problématique à certains de nos concitoyens, jusque dans l'enceinte du Parlement : les débats portant sur les conditions de rupture du pacs ont montré que, manifestement, pour un certain nombre d'élus, la séparation d'un couple était impensable autrement qu'en termes de fautes commises, et que le divorce par consentement mutuel continuait de leur apparaître comme moralement condamnable. Les normes sociales ne se décident pas par un vote. Mais le débat législatif est l'un des processus par lesquels la société prend collectivement conscience de la réalité de ces normes ; le débat législatif, surtout lorsqu'il s'accompagne d'une vaste mobilisation de l'opinion publique, est aussi l'un des processus par lesquels se révèlent les affrontements, les contradictions, les rapports de force et de domination qui traversent notre société. Tout se passe comme si les débats qui se déroulaient au Parlement avec leurs excès, leur mise en scène, étaient l'écho des affrontements qui traversent le corps social, et, dans une certaine mesure, le lieu de leur résolution. La guerre politique est parfois la condition de la paix civile. Ainsi dans le cas du pacs, le débat à l'Assemblée et au Sénat a mis en évidence l'existence d'une homophobie violente, et des conceptions très réactionnaires relatives à la famille et au mariage. Les opposants au pacs ont utilisé chaque détail des règles parlementaires pour allonger les discussions et retarder la décision. Cette décision a cependant eu lieu, validée par le vote final. Tant que notre système politique est considéré comme démocratique et légitime par nos concitoyens, un tel processus permet d'élaborer des solutions acceptées comme justes et non comme tyranniques.

Ce processus est d'autant plus nécessaire lorsqu'il s'agit de rendre acceptable une invention telle que le pacs ; sa nouveauté juridique se manifeste par exemple dans l'apparition d'un nom aussitôt décliné en verbe, en adjectif (pacser, copacs...) et montre bien que l'enjeu ne se limite pas à la simple reconnaissance de faits sociaux, mais mobilise aussi la force de création du langage et de la loi. C'est le cœur des prérogatives du législateur : sa capacité à créer de nouvelles réalités sociales par le biais de cadres juridiques nouveaux, et à les rendre légitimes.

D'autres propositions ont été avancées, d'autres projets ont été élaborés, d'autres processus de concertation et de décision ont été initiés pour résoudre la question des couples hors mariage, et du statut des couples homosexuels. Auraient-ils pu se conclure pareillement, à l'issue d'un débat aussi large que celui que l'on a finalement connu ? Auraient-ils bénéficié d'un tel retentissement, auraient-ils contribué autant à la reconnaissance de la diversité des modes de vie, auraient-ils pu enfin parvenir à une forme de décision aussi légitime que celle revêtue de l'autorité de la représentation nationale ?

La démarche du sénateur RPR Patrice Gélard est un exemple instructif qui livre une partie de la réponse. Patrice Gélard, rapporteur pour la commission des Lois du Sénat de la proposition de loi adoptée par l'Assemblée nationale, était hostile au pacs. Cependant, il était parfaitement conscient des problèmes posés aux couples hors mariage, et sa volonté de reconnaître sans *a priori* moral l'existence des couples homosexuels ne peut être mise en doute. Ainsi, l'un des éléments de son dispositif alternatif au pacs, rassemblés sous la forme d'une proposition de loi « relative au mariage, au concubinage et aux liens de solidarité », introduisait une définition du concubinage comme le fait pour deux personnes de vivre en couple sans être unies par le mariage. Dans l'esprit du rapporteur, cette définition s'appliquait aussi aux couples homosexuels. Les élus de gauche, minoritaires au Sénat, firent observer que cette définition pouvait à nouveau être considérée par la Cour de cassation comme excluant le concubinage homosexuel, et proposèrent d'amender le texte en le rendant plus explicite sur les conditions de sexe. Le rapporteur s'y opposa, arguant que, le cas échéant, il suffirait de faire savoir, après coup, la volonté du législateur à la Cour de cassation. C'était en quelque sorte repousser à plus tard le véritable débat : les interventions des sénateurs de droite démontrèrent en effet que la majorité d'entre eux avait la ferme intention de s'opposer à toute reconnaissance juridique du couple homosexuel ; en inscrivant explicitement cette reconnaissance dans son projet, P. Gélard n'aurait tout simplement pas réussi à recueillir une majorité de voix sur son texte. Son intention de vaincre l'opposition de la Cour de cassation sans prendre le risque d'une bataille politique était un pari insoluble : sans une majorité, il n'y a pas de décision politique – mis à part l'usage de l'article 49 § 3 qui permet aux gouvernements de la Ve République de faire parfois l'économie d'une telle majorité.

Tout autre a finalement été l'attitude du gouvernement. On ne peut certes rendre compte avec certitude des raisons qui ont commandé la stratégie gouvernementale. Mais on peut cependant constater que, jusqu'au printemps 1998, le gouvernement s'était encore réservé la possibilité de résoudre la question des couples hors mariage par des mesures partielles, sans nécessairement insister sur la dimension symbolique de leur reconnaissance, dans la lignée des travaux d'experts comme ceux d'Irène Théry et de Jean Hauser. C'est sans doute le mérite d'Élisabeth Guigou d'avoir compris que la proposition d'un pacte civil de solidarité élaborée par les parlementaires était la seule à concilier les deux exigences : répondre de manière cohérente aux problèmes posés et manifester une dimension symbolique suffisante pour apporter sur le terrain politique la question de la reconnaissance de la diversité des modes de vie.

Les acteurs

Les précurseurs

L'idée d'un statut issu du concubinage qui ne soit pas le mariage et s'appliquant à des situations diversifiées n'a rien d'évident. Sous l'Ancien Régime, la France ne connaissait pratiquement que le mariage religieux, sous sa forme catholique c'est-à-dire indissoluble. La Réforme, les débats du siècle des Lumières et de la Révolution ont conduit à mettre en place un mariage civil et à admettre progressivement le divorce. Le code civil a « oublié » de spécifier que les mariés devaient être de sexe différent mais la jurisprudence s'est chargée de le rappeler. Pour autant le concubinage ne bénéficiait d'aucune reconnaissance. Selon la formule qui résume la conception du code civil napoléonien : les concubins ignorent le droit ; le droit ignore les concubins.

Dès lors le terme même de concubin ne pouvait être utilisé que de manière péjorative. On parlait de concubine notoire pour désigner le plus souvent la maîtresse d'un homme marié et faire prononcer le divorce à son tort. Au XXe siècle, dans les années 60, le concubinage se répand, mais on l'interprète alors comme une forme de cohabitation juvénile, ce qui signifie qu'elle ne peut être que transitoire.

Cependant, dans les années 70, alors que se multiplient les concubinages hétérosexuels et que les personnes concernées ne sont plus seulement des jeunes, des maires commencent à délivrer des certificats de concubinage. Les droits afférents à cette situation vont se dégager progressivement, parfois par une volonté expresse du législateur ou de l'exécutif, parfois du fait de la jurisprudence. On admet ainsi, par exemple, que le concubin (ou la concubine) de sexe différent peut être ayant droit pour la Sécurité sociale. L'armée prend partiellement en compte cette situation pour les affectations.

Du côté des homosexuels et des lesbiennes, la revendication de reconnaissance du couple a été totalement absente du mouvement naissant dans les années 70. Il est vrai qu'il fallait d'abord dépénaliser l'homosexualité : deux dispositions, l'une née de Vichy, l'autre apparue en 1960, impliquaient une discrimination dans l'âge de la majorité sexuelle et l'outrage public à la pudeur [1]. La complète dépénalisation de l'homosexualité n'intervient qu'en 1982. Dans le mouvement qui a porté le combat pour la pleine reconnaissance de l'homosexualité, et notamment au sein du Comité d'urgence anti-répression homosexuelle (CUARH), peu nombreux sont ceux qui s'intéressent au statut des couples. Certains refusent purement et simplement de « singer » l'hétérosexualité, et demandent par provocation des « allocations pour le cinquième amant ». Cependant les lesbiennes sont plus sensibles à la question du couple que les homosexuels masculins. De plus, un pasteur un peu marginal qui participe aux activités du CUARH, Joseph Doucé, célèbre des bénédictions d'amour et d'amitié pour des couples homosexuels et lesbiens dans son Centre du Christ libérateur.

On considère généralement que c'est le sida qui a entraîné la modification du regard des homosexuels sur la vie de couple et donc la revendication de ce qui deviendra le pacs. Cela ne correspond que partiellement à la réalité. En effet, dès avant le sida, les individus

1. Cf. Gérard Bach-Ignasse, *Homosexualités, expression/répression*, Le Sycomore, 1982.

assumant le mieux leur homosexualité revendiquaient le plus la vie en couple. L'enquête sur les modes de vie homosexuels réalisée au tout début des années 80 le montre de manière évidente [1].

Dans ce cadre, en 1982, deux lesbiennes, Nadia et Annie, vont tenter de se voir reconnaître le statut du concubinage. L'une est divorcée et a la garde de ses enfants. Le maire de leur petite commune de Loire-Atlantique a accepté de leur délivrer un certificat de concubinage. On retire à l'une certaines prestations accordées uniquement aux femmes seules du fait qu'elle vit avec une compagne. En revanche, la Sécurité sociale refuse d'accorder à l'autre le statut d'ayant droit de sa compagne pour la Sécurité sociale, en arguant que le concubinage ne peut concerner que deux personnes de sexe différent. Les deux lesbiennes vont contester ce refus devant la justice.

Certains militants homosexuels, au sein du CUARH, reprennent cette revendication. En mars 1983, dans la revue du CUARH, *Homophonies*, Alain Leroi écrit le premier article sur les concubins homosexuels. Avec un autre militant qui décédera comme lui du sida, Vincent Legret, ils veulent une reconnaissance de ce qu'ils appellent le « lien homosexuel ». Ils créent bientôt un groupe intitulé Rencontre des homosexualités en Île-de-France (RHIF).

Cette logique aurait pu aboutir à la revendication d'un statut spécifique des couples homosexuels tels qu'ils se mettent en place dans plusieurs pays d'Europe du Nord depuis la fin des années 80 : couples homosexuels enregistrés au Danemark en 1989, unions de même sexe enregistrées en Norvège en 1993, partenariat homosexuel enregistré en Suède en 1994. Le débat français va évoluer différemment.

Tout au long des années 80, des homosexuels et des lesbiennes vont réclamer à leurs maires des certificats de concubinage. Peu nombreux sont ceux qui s'en

1. Cf. Jean Cavailhès, Pierre Dutey et Gérard Bach-Ignasse, *Rapport gai*, Persona, 1984.

voient délivrer. Les tribunaux administratifs considèrent même que les maires n'ont aucune obligation de le faire [1]. D'autres homosexuels cherchent à bénéficier des dispositions particulières tels que les billets à prix réduit accordés aux concubins des salariés d'Air France. La compagnie aérienne refuse et une bataille judiciaire commence.

Cette bataille trouve son dénouement provisoire dans deux arrêts de la Cour de cassation du 11 juillet 1989 qui concernent précisément les lesbiennes de Loire-Atlantique et les deux homosexuels d'Air France. La Cour de cassation refuse [2] purement et simplement d'appliquer la notion de concubinage à deux personnes de même sexe. Selon la Cour de cassation, le concubinage « ne peut concerner qu'un couple constitué d'un homme et d'une femme », car il s'agit de « deux personnes ayant décidé de vivre ensemble comme des époux ». Le raisonnement laisse entendre que le concubinage ayant trouvé sa source dans le mariage et le mariage étant interdit aux personnes de même sexe, le concubinage doit l'être aussi. On aurait évidemment pu tenir le raisonnement exactement inverse : le concubinage s'est constitué de manière distincte du mariage; l'étymologie latine du mot *concubina* signifie « qui couche avec ». Il n'y a là aucune indication du genre des protagonistes.

L'attitude bornée de la Cour de cassation a pour effet de renvoyer au législateur le soin de faire évoluer les choses. C'est à partir de ce moment que va s'élaborer, en France, une réflexion sur un statut légal issu des concubinages et des cohabitations.

Dans ce contexte, il est tout à fait exact que le sida a conduit à une accélération de la réflexion. On a vu des situations dramatiques où, du jour au lendemain, le compagnon d'un malade qui venait de décé-

1. Cf. TA Nantes, 7.6.84.
2. Cf. Cass. soc., 11.7.89, D.1990, p. 583, note Malaurie; JCP, 1990, II, 21533, note Meunier; GP 1990, I, 216, note Dorwling-Carter.

der était jeté hors du logement commun par la famille du défunt, famille qui reprenait alors tous ses droits. Il est ainsi apparu que certains problèmes comme celui de la transmission du patrimoine n'étaient pas résolus par la simple extension du concubinage aux homosexuels.

C'est le groupe homosexuel Gais pour les libertés (GPL) qui entreprend de traduire pour la première fois en proposition de loi ce qui aurait pu n'être qu'une revendication parmi d'autres. Ce groupe, constitué au milieu des années 80, annonce clairement ses affinités socialistes en particulier avec le courant fabiusien. Ses animateurs, notamment Henri Maurel et Alain Royer, ont fait le bilan de l'échec de la gauche en 1986. Ils pensent qu'il faut en finir avec le catalogue de plus de cent revendications amassées par les groupes homosexuels au fil des années. L'aggravation de la pandémie de sida les conduit aussi à reprendre la réflexion sur le lien homosexuel. GPL considère que le lien homosexuel doit générer les mêmes droits que le lien hétérosexuel. Il propose un partenariat civil, plus adapté à notre temps que le mariage, plus souple aussi que celui-ci. L'histoire du mariage en a fait un instrument rigide et longtemps facteur d'inégalité. Le nouveau statut doit être plus égalitaire et laïque.

À l'occasion de la campagne présidentielle de 1988, le lien est établi avec le sénateur Jean-Luc Mélenchon. Celui-ci, proche de Julien Dray et de SOS-Racisme, ne se situe pas dans le même courant du PS que GPL. Mais le PS le mandate pour aller discuter avec GPL lors d'une soirée électorale. J.-L. Mélenchon a raconté comment il a été amené à se saisir du problème. Lors de cette réunion, un intervenant a décrit le drame des couples homosexuels quand la mort fauche l'un des partenaires, le survivant chassé de chez lui, les familles honteuses et haineuses, le patrimoine commun pillé : « Je découvre un océan de cruautés. Je me promets de ne plus l'oublier. Mais dès cet instant aussi ma conviction est faite : les homosexuels ne posent pas le problème pour eux-mêmes mais pour toute la société [1]. »

Dès le départ, donc, les principes essentiels du débat français sont formulés. Le sénateur Mélenchon précise sa conception : « En réparant l'injustice faite aux homos, on peut ouvrir un espace de liberté pour tous, homo ou pas [...], couples homos, bien sûr, mais aussi fratries par exemple. Chez nous, chez les Maghrébins européens, la génération des grands-parents finissait toujours en vie commune des frères et sœurs survivants. [...] J'ai vu des situations comparables dans les campagnes françaises. Par extension, je conclus à la légitimité de toutes associations entre deux personnes qui n'ont rien d'autre en commun que la volonté de s'entraider [...] Je défends le droit à la solidarité de vie, sans m'obséder d'abord de ce qui se passe dans la chambre à coucher [2]. »

Les Gais pour les libertés, conscients qu'il y a peu de gens parmi les parlementaires PS susceptibles de se saisir de la question, approfondissent la réflexion avec le sénateur Mélenchon. L'accord se fait pour ne pas présenter seulement quelques propositions éparses, et la réflexion débouche, en mai 1990, sur le dépôt par Jean-Luc Mélenchon d'une proposition de loi sur le partenariat civil qui concerne aussi bien les couples homosexuels qu'hétérosexuels et les cohabitants.

Le 22 juin 1990, GPL organise, salle Colbert à l'Assemblée nationale, une réunion publique autour du projet. Plus de trois cents personnes, dont une majorité d'homosexuels, sont présentes. J.-L. Mélenchon intervient évidemment, de même que le député J.-M. Belorgey, que l'on retrouvera à l'étape suivante. La philosophe Élisabeth Badinter s'engage en faveur du partenariat civil ainsi entendu.

L'intérêt de cette première proposition de loi, c'est d'avoir fait le lien entre une revendication sociale et la scène politique, en passant d'une logique de témoi-

1. *Politis n° 540*,18 mars 1999.
2. *Ibid.*

gnage et de revendication à une logique de négociation avec les pouvoirs publics. Cependant, signée par un seul parlementaire, la proposition avait peu de chances d'aboutir. D'autant moins que GPL ne poursuit pas l'action sur ce thème. C'est le mérite du Collectif pour le contrat d'union civile (puis le pacs) de reprendre l'action et de la développer.

Le Collectif national pour le pacs

Le Collectif national pour le pacs n'a pas toujours eu ce titre. C'est en son sein qu'a été créé le mot « pacs » (pour pacte civil de solidarité). Auparavant, le projet avait pris le titre de contrat d'union civile, puis contrat d'union sociale et même, un moment, contrat d'union civile et sociale. Le chapitre suivant décrit les péripéties de ces évolutions.

Ce rappel linguistique étant fait, l'aspect le plus important du rôle du Collectif est la ténacité. Il a fallu presque une décennie pour faire voter le pacs après un nombre incalculable de péripéties. Bien peu d'associations auraient résisté aux difficultés rencontrées. Le Collectif a su faire face, rebondir, agir contre vents et marées. À travers le Collectif, on croise des itinéraires militants où se mêlent le politique et l'associatif, le quotidien, le personnel et le social. Il faut d'abord en comprendre la genèse.

Les créateurs du Collectif, Jan-Paul Pouliquen et Gérard Bach-Ignasse, ont été des animateurs du CUARH (Comité d'urgence anti-répression homosexuelle), dont on a évoqué l'action pour la dépénalisation de l'homosexualité à la fin des années 70 et au début des années 80. Ce sont aussi des militants politiques, de gauche, mais appartenant à des courants divers. De cette double expérience, ils ont appris que le lien entre une revendication sociale et sa traduction politique est une affaire complexe.

Au début de l'action, Françoise Renaud, Vincent Legret et Pierre Dutey participent à l'élaboration du projet. Denis Quinqueton, qui deviendra secrétaire général du Collectif, les rejoint bientôt. Ensuite est constitué un comité d'animation du Collectif qui comprend, outre les deux fondateurs et Denis Quinqueton, Hervé Champagnac, Dalila Diboune, Christian de Leusse et Yves Roussel.

L'origine du Collectif peut être située en juillet 1990 quand disparaît le pasteur Doucé. On l'a dit, ce pasteur baptiste, rejeté par son Église, s'était spécialisé dans la pastorale des minorités sexuelles. Il célébrait des bénédictions d'amour et d'amitié pour des couples de même sexe. Encore aujourd'hui, on ignore les circonstances précises de son enlèvement et de son assassinat. Toujours est-il que des militants vont se retrouver à cette occasion pour demander la vérité sur sa disparition.

Certains et certaines sont des anciens du CUARH. Au bout de quelques semaines d'action infructueuse du comité Doucé, ils s'interrogent sur la situation du mouvement homosexuel et lesbien. Le CUARH qui avait fédéré l'ensemble des groupes a disparu. De nouveaux groupes se sont créés sur une base conviviale (randonneurs, sportifs, musiciens, gays gourmets mystiques...) mais peu revendicative. Du fait du sida, la plupart des discours sur l'homosexualité se placent du point de vue de la maladie.

Ce petit groupe décide de créer une instance de débat sur les homosexualités sous le nom de Gai Multiplex. En 1991, des débats publics mensuels sont organisés sur la procréation, la police, l'école, la violence, les religions... C'est d'un de ces débats, organisé le 16 octobre 1991 sur le partenariat, que va naître le Collectif pour le contrat d'union civile et la proposition de loi du même nom.

Le rôle précis du Collectif dans l'ensemble du processus d'adoption du pacs est étudié ci-après. Mais on peut déjà faire le bilan de ce qui a été l'essentiel de son action. Il s'agissait de traduire en termes politiques des aspirations sociales. Or, ces aspirations sociales portant sur des questions de mœurs, la difficulté était particulièrement grande. La France n'a guère de tradition de négociation sociale. Au moins pour les questions économiques existe-t-il des instances de concertation, même si elles sont souvent incapables d'aboutir. Mais pour les questions de société, il n'y a pas de syndicats, pas de négociation collective. Qu'on songe à la violence dans laquelle s'est faite la dépénalisation de l'avortement et les insultes que Simone Veil a dû subir de la part de sa propre majorité ! C'est dire l'ampleur de la tâche dès qu'on s'attaque à un problème qui touche à l'intime de chacun.

La conviction du Collectif (et le gage final de sa réussite) c'est qu'on doit et qu'il est possible de conquérir la majorité. Il y a d'abord une nécessité arithmétique : s'il s'agit de faire voter une loi, il faut une majorité de députés pour la voter. Dans la Constitution de la Ve République, cela ne peut se faire contre le Gouvernement. Dans la société médiatique, l'opinion sollicitée par les sondages joue un rôle important. Le Collectif sait qu'il a un accès limité aux grands médias télévisuels, mais il saura se faire entendre de la presse, singulièrement de la presse de province, en répondant systématiquement à tout questionnement sur le projet.

Le Collectif sollicite toutes les institutions qui peuvent être concernées de près ou de loin, à commencer par le président de la République, les ministres, les parlementaires, les partis politiques, mais aussi les syndicats, les associations familiales, les représentants des religions, les mutuelles, les entreprises qui, telles la SNCF ou Air France, pratiquent des tarifs spécifiques pour les couples. En un mot, il s'agit d'aller voir tout le monde, de susciter l'interrogation partout.

Deux exemples illustrent l'intérêt de cette démarche. Roselyne Bachelot-Narquin, la seule députée de droite à avoir fermement défendu le pacs, l'a fait parce qu'elle avait été convaincue par le discours du Collectif, lequel avait cherché à prendre contact avec elle comme avec tous les autres parlementaires [1]. La Lesbian and Gay

1. Elle le raconte dans le livre qu'elle a écrit avec Geneviève Fraisse, *Deux femmes au royaume des hommes*, Fayard, 1999.

Pride (LGP), instance de coordination des groupes homosexuels et réalisatrice chaque année, en juin, d'une grande manifestation, a soutenu le projet. La possibilité de s'appuyer sur des manifestations de plusieurs centaines de milliers de personnes n'était pas négligeable pour le Collectif. C'est grâce à l'action déterminée de Jan-Paul Pouliquen aux réunions de la LGP et au soutien des principaux animateurs de celle-ci, Jean-Sébastien Thirard et Dominique Touillet, que les Gay Prides vont être un formidable outil de promotion pour le pacs.

Le Collectif cherche également à garder le contact avec tous ceux et toutes celles qui se sont intéressés à un moment ou à un autre au projet. Il envoie de fréquents courriers et des circulaires régulières. Il réussit à faire adhérer plus de 1 000 militants. Ce n'est certes pas un chiffre extraordinaire, mais dans la vie associative française, ce n'est pas négligeable. Des structures locales se sont mises en place dans plusieurs villes de France pour promouvoir le pacs : la plus importante et la plus constante dans son action sera celle de Marseille, animée notamment par Christian de Leusse. Le Collectif a souvent demandé à ses militants de saisir toutes les instances au niveau local. Il est persuadé que l'accumulation des demandes participe à l'avancée des choses. Il assure une partie de la formation politique de ses militants : par le biais des circulaires adressées à ses adhérents, il explique les règles constitutionnelles et administratives.

Pour se faire entendre et situer le débat dans un cadre plus large de réflexion sur les mœurs, le Collectif crée une revue intitulée *Humœurs*. D'abord mensuelle et distribuée en kiosques, *Humœurs* deviendra ensuite trimestrielle et envoyée aux abonnés. *Humœurs* paraît de 1992 à 1997. Outre de nombreux articles et dossiers sur le contrat d'union civile, cette revue a permis d'interroger des acteurs essentiels de la vie politique et sociale sur la proposition de loi. C'est ainsi qu'Élisabeth Badinter, Henri Caillavet, Jean-Pierre Chevènement, Françoise

Giroud, Jean-Pierre Michel, Janine Mossuz-Lavau, Willy Rozenbaum, Léon Schwartzenberg, Alex Taylor et Dominique Voynet, par exemple, ont donné une interview à *Humœurs* [1].

Peut-on dire que le Collectif pour le pacs a joué un rôle de lobby ? Si l'on entend ce terme au sens strict de groupe de pression, il faut répondre oui. Le Collectif a agi et fait pression, pour faire aboutir son projet. Il a employé un grand nombre des moyens habituels des groupes de pression : lettres, pétitions, articles de presse, télévision, contacts avec les politiques...

Mais le Collectif constitue-t-il un groupe d'intérêt ? De qui a-t-il défendu les intérêts ? Si la plus grande part de ses animateurs et même de ses militants est constituée d'homosexuels, jamais le projet n'a voulu concerner les seuls homosexuels. Le Collectif s'est d'ailleurs souvent vu reprocher cette distance par certains groupes homosexuels. À part la prise de position favorable du Mouvement français pour le planning familial, les hétérosexuels se sont peu manifestés pour le pacs, alors que de nombreuses conversations privées montraient l'intérêt de nombreux couples de concubins hétérosexuels. Il est vrai qu'il n'existe pas, dans une société marquée par la norme hétérosexuelle, d'associations de défense de l'hétérosexualité ! Les homosexuels ont donc agi, non pas seulement pour leur propre intérêt, mais pour offrir à l'ensemble de la société française une novation juridique.

Le mot lobby fait aussi penser aux grosses machines américaines qui disposent de moyens puissants. Il n'en a rien été pour le Collectif. Il n'a même jamais disposé d'un local propre. Il s'est d'abord réuni dans le sous-sol d'un restaurant, puis au petit domicile de son président. Le Collectif n'a jamais reçu la moindre subvention publique. Il n'a pu fonctionner que grâce aux cotisations

1. La plupart de ces entretiens ont été rassemblés dans l'ouvrage de Gérard Bach-Ignasse et Jan-Paul Pouliquen, *Questions de mœurs*, Les Empêcheurs de penser en rond, 1998. Les entretiens sont précédés d'un essai de Gérard Bach-Ignasse sur la notion d'évolution des mœurs.

de ses militants. En termes de ratio entre les moyens et le résultat, le Collectif pour le pacs est un cas assez atypique. Quand on songe à l'importance des budgets et des subventions que reçoivent la plupart des associations en France et à la production qui est la leur, on reste étonné !

Plus qu'un lobby, le Collectif pour le pacs a su animer un véritable mouvement social qui a participé à la clarification de la conscience collective en formalisant des revendications. Il a permis de fixer l'identité du projet à mettre en œuvre, de mobiliser les ressources nécessaires pour le but recherché au nom de valeurs qui ont fait écho dans la société française.

Cela étant dit, le Collectif s'est trouvé confronté à plusieurs contradictions qui ont parfois rejailli jusqu'en son sein, dans ses débats internes. Le principal problème tient au caractère large du projet et à ses soutiens potentiels. Le Collectif a toujours insisté pour que le contrat ne concerne pas seulement les couples homosexuels, ni même avec eux les couples hétérosexuels, mais aussi tous les duos de solidarité. Ce faisant, il pouvait escompter plus de soutiens, puisque la proportion de population concernée était augmentée d'autant. En fait, dans ce domaine, on ne peut faire d'arithmétique : en ouvrant le contrat à des duos sans relations sexuelles potentielles (par exemple les fratries), on rendait le projet plus acceptable par ceux qui pouvaient n'y reconnaître qu'un élément de politique sociale. Mais ce faisant, on se trouvait en porte à faux avec la revendication homosexuelle d'une reconnaissance du couple gay et évidemment de sa sexualité.

Concilier l'exigence d'un projet le plus large possible sans se couper de la base homosexuelle sera une difficulté permanente pour le Collectif. Certains groupes gays lui ont reproché de désexualiser la proposition, tandis que des opposants au pacs ont considéré que le caractère social du pacs n'est qu'une façon pour les homosexuels d'avancer masqués.

Dans ce domaine, tactique et stratégie ne font pas toujours bon ménage. Le Collectif a dû aussi tenir compte, à chaque étape, de l'état du débat sur la scène politique, négocier avec les parlementaires et le gouvernement, voir se profiler des compromis, essayer de ne rien renier sur l'essentiel. Cette attitude nécessaire pour aboutir a parfois suscité de vives tensions et n'a pas toujours servi l'image du Collectif.

Une autre difficulté a concerné la base politique parlementaire du débat. On l'a dit, le président du Collectif, J.-P. Pouliquen, appartient au courant chevènementiste. Les premiers parlementaires impliqués, Jean-Yves Autexier et Jean-Pierre Michel, aussi. Les autres membres du Collectif se situaient dans d'autres courants politiques mais aucun n'était directement impliqué dans l'appareil d'un parti. Dès lors se posait la question de la liaison avec les organisations politiques autres que le MDC, à gauche d'abord, et si possible au-delà. Le Collectif n'a pas complètement échappé aux péripéties des discordes entre partis, mais son grand mérite aura été de toujours faire prévaloir l'avancée du projet commun sur l'inclination politique de tel ou tel de ses membres.

Les courants politiques

Tous les courants, tous les partis politiques ont eu à prendre position sur le pacs. Le débat de société a pris une telle ampleur qu'il devenait obligatoire, *in fine*, de se déterminer face au projet. Certains, dans presque tous les partis politiques, auraient préféré éviter le débat et prendre, par-ci par-là, des mesures limitées, entrant dans le champ du problème soulevé. C'est finalement pour ou contre le pacs qu'il a fallu se prononcer. Mais tous les partis politiques ne se sont pas engagés de la même manière. Certains se sont trouvés divisés. Certains ont agi avec constance ; d'autres ont évolué.

À tout seigneur, tout honneur, c'est le Mouvement des citoyens (MDC) qu'il faut d'abord citer, du fait de sa constante détermination à faire aboutir le pacs. On pourrait s'étonner que le parti de Jean-Pierre Chevènement ait eu une telle importance dans ce débat. On connaît surtout ses positions antimaastrichtiennes, son exaltation de l'ordre républicain. Tout cela semble fort éloigné du pacs.

Sans doute le fait que plusieurs protagonistes du pacs appartiennent au MDC a-t-il contribué à renforcer le rôle de ce parti sur ce terrain : après tout, Jan-Paul Pouliquen, président du Collectif national pour le pacs, Jean-Pierre Michel, député rapporteur sur le pacs, Jean-Yves Autexier, premier signataire de la proposition de loi sur le contrat d'union civile, sont membres du MDC. On peut tenir compte d'un effet d'entraînement dû à des relations personnelles. Jan-Paul Pouliquen a raconté, dans son livre *Contrat d'union civile, le dossier* [1], comment il avait pris contact avec son camarade de parti, Jean-Yves Autexier, pour l'inviter à déposer une proposition de loi. Si l'histoire se fait aussi avec des hommes et des relations interpersonnelles, cela ne saurait suffire à expliquer complètement les choses.

En fait, le MDC, laïc et républicain, prônant la nation comme valeur essentielle, n'a jamais été un courant défendant un quelconque ordre moral. Au contraire, il est issu du CERES, qui a constitué dans les années 70 la gauche du parti socialiste et où se sont retrouvés une partie des jeunes socialistes. À Paris, dont le CERES contrôle la fédération, dès le début des années 80, des contacts sont pris dans le XIe arrondissement où se trouve le siège du Comité d'urgence anti-répression homosexuelle. Avec Georges Sarre, Patrick Bloche [2] et des militants du CUARH se rencontrent et discutent. De même, Jean-Pierre Chevènement sera un des premiers hommes politiques français à prendre position pour la parité. Dans *Humœurs* [3], il a expliqué son attitude : « Les mœurs sont libres : tel est le précepte républicain.

1. *Humœurs*, 1994.
2. Patrick Bloche ne rejoindra pas ensuite le MDC mais deviendra député PS en 97. Il jouera un rôle important dans l'adoption du pacs.
3. *Humœurs*, n° 9-10, janvier-février 1994.

Je le crois garant des libertés individuelles. Je n'aime pas l'ordre moral. » Interrogé sur son soutien au contrat d'union civile, il précise : « Le rôle du législateur est de veiller à ce qu'aucun citoyen ne soit lésé en raison de ses origines ou de ses affections. J'apprécie donc l'esprit laïc qui a présidé à l'élaboration de cette proposition de loi [1]. »

Après la défaite de la gauche, en 1993, les trois députés du MDC, Jean-Pierre Chevènement, Jean-Pierre Michel et Georges Sarre, seront d'ailleurs les seuls parlementaires à redéposer la proposition de loi sur le contrat d'union civile.

Jean-Pierre Michel est le spécialiste des mœurs dans ce courant politique. Magistrat d'origine, un des fondateurs du Syndicat de la magistrature, membre de la Commission nationale de l'Informatique et des Libertés, il a participé comme député à la dépénalisation de l'homosexualité en 1981-82. C'est le seul parlementaire à avoir proposé d'aller plus loin, en faisant voter en 1985 une extension des lois antiracistes aux mœurs. Réélu député en 1993, alors que la gauche connaît la débâcle, J.-P. Michel sera donc seul à défendre le projet qui aboutira au pacs avec ses collègues du MDC. Quoique juriste, J.-P. Michel n'est pas spécialiste du droit civil, ce qui lui sera reproché lors du débat parlementaire sur le pacs, dont il a été le rapporteur à l'Assemblée nationale. On peut penser, au contraire, au vu de l'incapacité de la plupart des civilistes à concevoir un statut nouveau, que cela a été un avantage.

Quant à Jan-Paul Pouliquen, délégué national du MDC pour les questions de société et président du Collectif pour le pacs, cette double casquette est à la fois un avantage et un inconvénient. Avantage, du fait des contacts rendus possibles avec les autres forces politiques, mais inconvénient du fait de la concurrence entre les partis. J.-P. Pouliquen saura toujours faire en sorte

1. *Ibid.*

que le Collectif ne soit pas la courroie de transmission du parti. Au contraire, c'est sans doute lui qui a entraîné le MDC dans la bataille pour le pacs.

Les écologistes ont été majoritairement parmi les soutiens fidèles du projet. La période a conduit à leur éclatement et à la prééminence des Verts mais cela a plutôt servi le pacs, puisque les Verts ont été les plus engagés en sa faveur.

Du côté de Brice Lalonde et de Génération Écologie, le soutien a été moins clair. Les militants de Génération Écologie se sont sentis concernés et certains d'entre eux ont appuyé le projet dès le départ. Pour ce qui est de Brice Lalonde, il semble qu'il n'ait pas saisi l'importance de la chose. Ainsi, à un dîner-débat organisé par les Gais pour les libertés, en 1993, Brice Lalonde proposa aux convives : « Il vous faudrait une série à la télé, par exemple, dont le héros serait homosexuel. » L'insaisissable ancien ministre de l'Environnement montrait une fois de plus des difficultés à sérier l'importance relative des enjeux. Toutefois, avant les élections législatives de 1993, il prit position en faveur du contrat.

Du côté des Verts, le soutien a été franc. Jean-Luc Dumesnil, responsable de la commission gaie des Verts, a joué un rôle important pour cela. Il rejoint ensuite Antoine Waechter. Ce dernier soutient encore le contrat d'union civile lors de l'élection présidentielle de 1995 puis n'intervient plus dans ce débat. La commission gaie des Verts est ensuite animée par Pierre Gandonnière.

Les Verts ont appliqué à leur personnel certaines dispositions du pacs avant même que celui-ci soit voté. Un autre militant des Verts, Alain Lipietz, porte-parole, avait mené une réflexion sur la liaison entre le politique et la vie quotidienne, notamment dans la revue *Partis-Pris* au début des années 80. C'est un des rares hommes à se proclamer féministe. Il se sentira tout de suite concerné par le pacs.

Dominique Voynet a expliqué dans *Humœurs* [1] que le soutien, pour les Verts, allait de soi : « Il était évident que nous y étions favorables. D'une part, parce que c'était un outil pour lutter contre les discriminations [...]. De la même façon qu'il peut y avoir des cérémonies religieuses ou républicaines, il y a dans le contrat d'union civile l'idée d'inventer une législation qui colle mieux à cette fin de siècle. »

Candidate à l'élection présidentielle de 1995, Dominique Voynet réitère son soutien. Lors du congrès du Collectif pour le contrat d'union civile, en janvier 1997, Dominique Voynet fait cette analyse de l'attitude de la classe politique : « Quels que soient les partis politiques, tout le monde voit bien à quoi sert le contrat d'union civile. Ce qui manque, ce n'est pas forcément la compréhension, c'est la capacité à l'assumer devant son électorat, ses militants, ses réseaux [2]. »

Devenue ministre de l'Aménagement du territoire et de l'Environnement en mai 1997, Dominique Voynet participe à l'Euro Gay Pride de juin 1997, dans laquelle le contrat d'union civile est un thème fort. À cette occasion la ministre verte précise : « Le contrat d'union sociale, c'est un des éléments de la lutte contre l'exclusion [3]. » Elle viendra soutenir Élisabeth Guigou lors de la difficile première lecture du pacs à l'Assemblée nationale.

Pour le parti communiste, le débat sur le pacs est intervenu à un moment de transformation importante de sa ligne politique. La tradition communiste a souvent été homophobe. Cependant, en France, l'électorat communiste a toujours été le plus ouvert en matière d'évolution des mœurs. Tous les sondages réalisés depuis les années 70 le montrent [4]. Au début des

1. *Humœurs*, n° 5, septembre 1993.
2. *Humœurs*, n° 42, printemps 1997.
3. *Le Journal du Dimanche*, 29 juin 1997.
4. Voir Gérard Bach-Ignasse, *La Reconnaissance de l'homosexualité*, thèse pour le doctorat d'État de science politique, Paris-X Nanterre, 1989.

années 90, le PCF élabore une proposition de loi sur l'union de fait. L'homosexualité n'est pas citée, les communistes pensant surtout aux couples hétérosexuels vivant en concubinage. Progressivement, le PCF va admettre que ce projet peut s'appliquer également aux homosexuels.

Dans un premier temps, il laisse entendre au Collectif qu'il votera la proposition de loi sur le contrat d'union civile si elle vient en discussion, mais ne mènera pas de large débat à ce sujet. Candidat à l'élection présidentielle de 1995, Robert Hue fait une réponse plus précisément favorable au Collectif.

Mais l'infléchissement de la ligne politique du PCF le conduit à étendre le rôle messianique du prolétariat à toutes les catégories sociales en lutte. En clair, le nouveau PCF « court après tout ce qui bouge ». Cela ne se fait pas sans heurts en son sein, mais les jeunes communistes, notamment, se reconnaissent dans cette ligne.

Le PCF opère ainsi un élargissement de sa fonction tribunitienne. Il se veut le porte-parole de toutes les luttes, quitte à pratiquer un discours de surenchère, en demandant par exemple un élargissement de la politique de l'immigration à l'occasion de la discussion du pacs, voire chez certains jeunes communistes, le mariage homosexuel.

Marie-George Buffet, ministre de la Jeunesse et des Sports depuis le printemps 1997, s'était exprimée au nom du PCF au congrès du Collectif de janvier 1997 : « C'est toute la question de la place de l'individu, de ses aspirations et de ses modes de vie qui est posée [...] On a une pratique et un contenu de la politique qui restent en décalage avec ces mutations, ne se placent pas en capacité de répondre aux évolutions et aux attentes nouvelles [1]. » Ce disant, Marie-George Buffet fait une autocritique explicite de l'attitude passée du PC : « Il fallait que les individus se moulent dans le projet que

1. *Humœurs*, n° 42, printemps 1997.

nous avions établi [...] et cela entraînait des positionnements qui rejetaient tout ce qui était différent [1]. »

Le pacs a donc été pour le PCF une occasion de montrer qu'il avait changé de conception sur l'organisation des luttes sociales. Il ne considère plus qu'il y a des fronts secondaires par rapport à d'autres considérés comme plus centraux. Dans la dialectique entre la société et l'individu, la place de l'individu est réévaluée. C'est ce que certains, au PCF, appellent, le « nouveau communisme ».

En tant que premier parti de France, le parti socialiste a joué un rôle essentiel pour l'adoption du pacs. On peut rappeler que c'est en son sein que les premières propositions de loi ont été élaborées : celle du sénateur Mélenchon sur le partenariat civil en 1990, celle de Jean-Yves Autexier et sept autres députés socialistes sur le contrat d'union civile en 1992 [2]. Apparu dans une période où les courants du PS se déchiraient, ce débat spécifique a cependant échappé aux guerres de courants : les fabiusiens de GPL se sont adressés à un membre de la Gauche socialiste, et le Collectif pour le contrat d'union civile a pris bien garde que les signataires de la proposition de 1992, même peu nombreux, soient issus de tous les courants du PS.

Pour autant qu'on le sache, François Mitterrand ne s'est jamais prononcé sur la question. Dans la fin de la législature de gauche, en 1992-93, le PS n'est pas prêt à voter le contrat d'union civile. Il accepte seulement que deux mesures présentées comme urgentes par le Collectif soient reprises lors de la discussion d'une loi portant diverses mesures d'ordre social à l'automne 92. Ainsi sont votés le transfert de bail au concubin de même sexe survivant et la possibilité d'être ayant droit pour la Sécurité sociale pour une personne à charge d'un assuré social, quel que soit son sexe. Encore le Conseil consti-

1. *Ibid.*
2. À cette époque, la scission du MDC n'a pas encore été réalisée.

tutionnel annulera-t-il la première disposition pour vice de forme car elle a été présentée par un amendement sans lien avec le texte principal. Par cette erreur de procédure, les socialistes ont manqué du courage d'inscrire la disposition dans le texte initial. Seul l'élément sur la Sécurité sociale sera mis en œuvre.

Dans la période 93-95, le PS se contente de rappeler son attachement au contrat d'union civile ; de même, le candidat Lionel Jospin à la présidentielle de 1995 rappelle les propositions de loi antérieures, mais ne s'engage pas formellement.

En 1996, c'est le travail mené par Adeline Hazan, secrétaire nationale aux questions de société du PS, qui fait avancer la réflexion dans ce parti. Adeline Hazan réunit une commission, consulte largement, travaille avec « Homosexualités et Socialisme », reçoit le Collectif pour le contrat d'union sociale (nom qui a succédé à union civile en 1995). De cette élaboration va sortir un rapport très circonstancié, qui examine tous les problèmes posés, envisage toutes les solutions et conclut que seul un contrat d'ensemble peut apporter les réponses nécessaires. Ce rapport est adopté par le bureau national du PS en juin 1996. La convention nationale du parti sur la démocratie le reprend. Adeline Hazan a expliqué l'évolution du processus interne au PS lors du congrès du Collectif pour le contrat d'union sociale en janvier 1997 : « C'est vrai qu'en 92, 93, 94, le PS a eu du mal à reprendre ce combat de façon suffisante. [...] Cette fois-ci, il y a une véritable volonté du PS. [...] Il peut y avoir des réticences au PS. Il faut expliquer pourquoi le contrat est nécessaire dans la société actuelle de façon à ce que ces résistances se retirent [1]. » Peu avant la dissolution du printemps 1997, les députés socialistes déposent une proposition de loi sur le contrat d'union sociale, un peu restrictive par rapport au projet du Collectif mais aussi plus précise sur quelques points.

1. *Humœurs*, n° 42, printemps 1997.

Avec l'arrivée de la gauche plurielle au pouvoir en 1997, les ministres et députés socialistes s'engagent. Les députés socialistes redéposent la proposition de loi sur le contrat d'union sociale sus-citée. Élisabeth Guigou, nouvelle ministre de la Justice, annonce dès le 24 juin 1997, dans *Le Monde* : « C'est un engagement que nous avons pris et nous le tiendrons. » Adeline Hazan suit le dossier au cabinet de Martine Aubry, ministre de l'Emploi et de la Solidarité. Parmi les députés socialistes nouvellement élus se trouve Patrick Bloche, qui soutient le projet depuis son origine. Son rôle va être important pour entraîner le principal parti de la majorité. Parmi les parlementaires socialistes, c'est incontestablement Catherine Tasca, présidente de la commission des Lois à l'Assemblée nationale, qui va jouer un rôle déterminant pour faire avancer les choses : en demandant, en septembre 1997, à Jean-Pierre Michel et Patrick Bloche d'unifier les propositions de la majorité, et en utilisant les nouvelles dispositions de l'article 48 de la Constitution qui permettent aux députés d'inscrire librement une proposition de loi à l'ordre du jour une fois par mois.

Au cabinet de Lionel Jospin, Daniel Ludet, conseiller pour la Justice, est vite convaincu de l'intérêt du sujet et de la nécessité de ne pas faire traîner les choses. Lionel Jospin lui-même s'engage publiquement juste avant la première lecture à l'Assemblée en octobre 1998. Il le fera de façon plus ferme et définitive après le revers de la première séance à l'Assemblée, entraînant les députés qui auraient pu être encore hésitants. Le sénateur Robert Badinter aura été le seul parlementaire socialiste à s'opposer au pacs. Pendant la guerre en Yougoslavie, au printemps 1999, le premier ministre rappelle que son gouvernement continue cependant son action pour moderniser la société française et il donnera l'exemple du pacs. Dès lors, fidèle à la maxime selon laquelle « le gouvernement dit ce qu'il fait et fait ce qu'il dit », les socialistes, la majorité et le gouvernement Jospin mènent jusqu'au bout l'adoption du pacs, malgré les quelque 70 heures de débat très difficile de la première lecture par les députés.

Les radicaux de gauche ont joué un rôle moins important que les autres partis de gauche dans le débat sur le pacs. Toutefois, ils se sont montrés favorables à la proposition, tout particulièrement les jeunes radicaux de gauche. À partir de 1997, ils se situent à l'Assemblée nationale dans le même groupe parlementaire que les Verts et le Mouvement des citoyens. Ce groupe a peu d'unité politique ; le pacs lui donne une occasion d'agir de concert. Alain Tourret, député radical de gauche, propose plusieurs amendements qui font avancer le débat.

Du côté de l'extrême gauche, la discrétion sur le pacs a été de mise. Les deux principales forces trotskistes, Lutte ouvrière (LO) et la Ligue communiste révolutionnaire (LCR), qui s'unissent dans une liste commune pour les élections européennes de 1999, n'ont en effet pas les mêmes positions sur le pacs. LO y est nettement moins favorable. Cette organisation très fermée qui recommande à ses militants de ne pas se marier et de ne pas avoir d'enfants est hostile à ce qu'elle considère comme un mariage homosexuel. Arlette Laguiller le dit franchement : « Je ne comprends pas clairement pourquoi certains homosexuels cherchent cette reconnaissance sociale [1]. » LO ne cherche pas à comprendre. En revanche, la LCR se montre favorable au pacs. Dès les années 70, cette organisation gauchiste a créé une commission homosexuelle en son sein. Ses militants soutiennent le mouvement féministe ou les revendications sur l'environnement. On est donc assez loin de l'attitude sectaire et ouvriériste de LO. Cependant, le choix de faire liste commune avec LO aux européennes de 1999 conduit les deux organisations à très peu intervenir sur le pacs.

1. *Exit*, 15 février 1995.

Les parlementaires de droite ont presque tous voté contre le pacs. Opposition de principe à une proposition venue de la gauche ? Refus fondamental de la conception mise en œuvre par le pacs ? Tout s'est mêlé dans le débat, mais la quasi-unanimité du vote hostile rend mal compte d'un débat interne aux partis de droite particulièrement complexe.

Au Rassemblement pour la République, les contradictions sont nombreuses. Elles passent même parfois à l'intérieur d'une seule personne : Jacques Toubon en est un exemple presque caricatural. En 1992, il s'oppose très violemment aux timides mesures inspirées du contrat d'union civile que défend la gauche. Devenu Garde des Sceaux, Jacques Toubon répond, en novembre 1995, à une question de Jean-Pierre Michel sur le même contrat que l'ordre public s'y oppose. Au Conseil des ministres du 2 avril 1999, il annonce, au contraire, qu'il faut « modifier des pans entiers du code civil » dans ce domaine et il confie au professeur Hauser, de la faculté de droit de Bordeaux, le soin de faire des propositions.

C'est qu'entre-temps le changement d'attitude est venu du président de la République. Pendant l'hiver 96-97, Jacques Chirac fait recevoir le Collectif pour le contrat d'union sociale, à l'Élysée, par son conseiller juridique Olivier Échappé. La discussion ne montre pas que des points d'accord mais elle est ouverte.

Le retour de la gauche au pouvoir va mettre le RPR en porte à faux. La commission Hauser, dont l'un des membres est Marie-Laure Robineau, conseiller technique de la nouvelle Garde des Sceaux, est confirmée par Élisabeth Guigou. Quelques responsables RPR sont très favorables au pacs : c'est le cas de Roselyne Bachelot-Narquin, qui sera la seule parlementaire de l'opposition à intervenir en sa faveur. C'est aussi le cas de Jean-Luc Romero, président des Élus locaux contre le sida.

Dans le débat de l'automne 1998, Jacques Chirac se garde bien d'intervenir. Philippe Séguin, alors président du RPR, ne se prononce pas sur le fond, mais critique la manière dont la gauche a élaboré le texte en discussion. Finalement, tous les députés RPR, sauf Roselyne Bachelot qui vote pour et Philippe Séguin qui s'abstient, voteront contre le pacs, mais certains feront savoir qu'ils sont heureux qu'il y ait eu, en leur sein, une voix dissidente.

Au Sénat, c'est le RPR Patrice Gélard qui est nommé rapporteur. Il s'oppose au pacs, mais propose une extension du concubinage aux couples de même sexe. Erreur tactique ou volonté de sortir d'un débat qui dégénère, sa prise de position va en fait légitimer la démarche du pacs.

De même, la lettre critiquant le pacs, envoyée par Jacques Chirac au président de l'Union nationale des associations familiales, alors que le Conseil constitutionnel est saisi du texte, sera interprétée comme une ingérence du président de la République et desservira sa cause.

À l'Union pour la démocratie française (UDF), le débat sur le pacs intervient au moment où ce mouvement éclate entre les libéraux de Démocratie libérale, présidée par Alain Madelin, et l'UDF « maintenue » de François Bayrou. Les libéraux sont, au départ, moins hostiles au pacs que les démocrates-chrétiens de l'UDF. Alain Madelin a indiqué plusieurs fois son intérêt pour le projet; Jean-François Mattéi, quoique opposé au pacs, fait des propositions alternatives intéressantes. Finalement, Alain Madelin s'abstiendra lors du vote sur le pacs, tandis que tous ses collègues députés de DL voteront contre.

À l'UDF « maintenue », l'aile catholique traditionaliste a tenu le haut du pavé. Sa figure emblématique sera la députée Christine Boutin, brandissant une Bible dans l'hémicycle et organisant des manifestations de rue contre le pacs. Cependant, certains avaient pris auparavant des positions plus nuancées, au nom, sans doute, d'un christianisme plus social : Philippe Douste-Blazy et Gilles de Robien, députés mais aussi maires, avaient accepté de délivrer des certificats de vie commune à des couples de même sexe. Jean-Claude Gaudin, sénateur-maire de Marseille, qui s'était prononcé par écrit pour le pacs, préside la première lecture sur le pacs au Sénat en évitant les débordements.

Si, finalement, c'est l'attitude d'opposition au pacs qui l'emporte chez les parlementaires de l'UDF, les jeunes de ce parti émettront des critiques contre leurs aînés à l'été 1999. De même, on peut penser que le rapport de Simone Veil au Conseil constitutionnel n'est pas étranger à la validation du pacs par cette instance.

À l'extrême droite, comme on pouvait s'y attendre, le pacs est une occasion de réaffirmer les grands principes de défense de la famille, tout en se gaussant des homosexuels. Dans sa lettre au Collectif pour le contrat d'union civile, Jean-Marie Le Pen, alors candidat à l'élection présidentielle de 1995 persifle : « Le contrat d'union civile, baptisé médiatiquement " mariage homosexuel " ne peut susciter mon agrément, même si, comme vous le soulignez, certaines personnes lui trouvent des charmes incomparables [...] Je crains que ce fameux " CUC " ne soit un moyen supplémentaire de détruire cette institution essentielle à notre société qu'est la famille. C'est pourquoi j'y suis franchement hostile [1]. »

La scission du Front national n'entraînera aucune remise en cause de cette position. Les deux Fronts participent à la manifestation anti-pacs du 31 janvier 1999 et Bruno Mégret y est personnellement présent.

Une partie de la droite extrême restructurée autour de Charles Pasqua et Philippe de Villiers en RPF (Rassemblement pour la France) s'opposera au pacs, alors même que C. Pasqua avait émis, auparavant, des opinions beaucoup moins hostiles.

Au total, le pacs a interpellé toute la classe politique française. Comme souvent sur les questions de société,

1. Cité in *Humœurs*, n° 23-24, avril-mai 1995.

dans notre pays, il aura été impossible d'agir de manière consensuelle. Au contraire, la passion voire l'injure l'ont souvent emporté sur la réflexion. Toutefois, parti d'une revendication minoritaire, socialement comme politiquement, le pacs s'est frayé un chemin dans le dédale des institutions et des courants politiques.

Les gays

Des homosexuels ont été à l'origine du projet qui a abouti au pacs. Peut-on dire, pour autant, que tous les homosexuels et toutes les lesbiennes se sont retrouvés dans cette revendication ? Pour comprendre, il faut revisiter brièvement l'histoire de l'homosexualité en France.

Dans les années 1950 et 60, l'homosexualité doit encore se cacher. On la définit comme fléau social à l'Assemblée nationale [1]. Face à cette situation, certains, comme l'association Arcadie, veulent faire reconnaître l'homosexualité par la voie de la respectabilité. Cela aurait pu aboutir à une revendication proche du pacs. Mais dans la situation de l'époque, on en est encore à chercher à dépénaliser l'homosexualité. D'autres revendiquent au contraire de manière emblématique le caractère asocial de l'homosexualité. C'est le cas de l'écrivain Jean Genet. C'est ce que Dominique Fernandez note dans son livre consacré au pacs [2] : « André Gide, consulté sur l'opportunité du projet, se fût récrié. Quoi ! Renoncer à ma singularité d'hérétique, pour me fondre dans le moule commun ! Jean Genet, encore plus catégorique se fût esclaffé [3]. »

Le mouvement homosexuel naissant dans l'après-Mai 68 n'a pas, non plus, cherché à faire reconnaître le couple homosexuel. Se situant dans la mouvance révo-

1. Amendement P. Mirguet, 18 juillet 1960.
2. *Le Loup et le Chien, un nouveau contrat social*, Pygmalion, 1999.
3. *Op. cit.*, p. 164.

lutionnaire de cette période, le Front homosexuel d'action révolutionnaire (FHAR), né en 1971, affirmait, au contraire : « Vous dites que la société doit intégrer les homosexuels, moi, je dis que les homosexuels doivent désintégrer la société [1]. »

Comme noté précédemment, le début des années 80 a été marqué par le combat du CUARH (Comité d'urgence anti-répression homosexuelle) pour la dépénalisation de l'homosexualité. Majoritairement, les militants des groupes homosexuels ne veulent pas reproduire la société hétérosexuelle. Beaucoup sont en rupture avec leur propre famille. Cependant, les lesbiennes, qui vivent plus souvent en couple que les homosexuels masculins, commencent à poser la question des droits de ce couple. Ce désir d'institutionnalisation commence à se conjuguer avec la revendication et l'affirmation homosexuelles. Dans la première enquête sur les modes de vie homosexuels réalisée à cette époque, on note : « Il est certainement très significatif de voir que la fréquence du couple homosexuel (chez les hommes) culmine chez les 25-35 ans, chez ceux que nous avons caractérisés à plusieurs reprises comme la génération militante [2]. »

Dans la suite des années 80, le sida vient frapper les homosexuels masculins. Les drames qu'il provoque vont conforter ceux qui veulent une reconnaissance du couple homosexuel.

À partir de là plusieurs positions vont se manifester. Certains et même certaines refusent toujours toute mise en couple. Pour les hommes, il s'agit parfois de préserver des possibilités plus larges. C'est ainsi que le sociologue Michel Maffesoli demandera que le statut puisse s'appliquer à plus de deux personnes. Chez les lesbiennes, certaines restent sensibles à un discours féministe qui voit dans le couple institutionnalisé un reste du

1. Interpellation de Françoise d'Eaubonne du FHAR à André Baudry d'Arcadie, cité par Jacques Girard, in *Le Mouvement homosexuel en France*, Sirey, 1980, p. 81.

2. Jean Cavailhès, Pierre Dutey et Gérard Bach-Ignasse, *op. cit.*, p. 159.

mariage patriarcal. Elles insistent sur les droits de l'individu.

On peut remarquer qu'aucune voix homosexuelle ou lesbienne ne s'est prononcée en France pour un statut spécifique des couples homosexuels tels qu'ils existent dans les pays d'Europe du Nord. Curieusement, seule la sociologue de la famille Irène Théry, qui a déployé beaucoup d'énergie contre le pacs, a proposé cette solution au nom des différences symboliques entre l'homosexualité et l'hétérosexualité. Cela n'aura aucun écho.

D'autres pensent qu'on doit s'en tenir à une extension du concubinage au couple homosexuel. Par incompréhension du nouveau statut proposé ou par peur des difficultés à le faire adopter, ils et elles s'en tiennent à un projet plus limité. On peut voir là une difficulté des membres d'une minorité à se considérer comme de véritables acteurs sociaux, proposant à l'ensemble de la société une novation juridique.

Interrogation aussi sur l'étendue des catégories concernées par le pacs : certains homosexuels, notamment « Homosexualités et Socialisme », pensent que le statut ne doit s'appliquer qu'aux couples (hétéros ou homos) mais pas aux cohabitants (comme les frères et sœurs), de peur d'une symbolique désexualisée. Il y a donc une difficulté encore à concevoir un cadre englobant des situations diverses.

Certains enfin pensent qu'il faut pousser la revendication jusqu'au mariage homosexuel. Ce sera le cas d'Act Up-Paris ou du Centre gai et lesbien de Paris. Leur conception de l'égalité sexuelle implique l'application de toutes les institutions existantes à l'homosexualité. Cette position peut être qualifiée de radicale-conservatrice. Radicale au sens où elle énonce une revendication remettant en cause la symbolique de la famille hétérosexuelle, cette revendication a peu de chances d'être entendue par la classe politique : aucun parlementaire ou membre d'un gouvernement en France n'a repris cette proposition. Position conservatrice également, car elle se contente de réclamer l'existant pour une nouvelle catégorie. Est-il opportun de réclamer le mariage pour les homosexuels au moment où il est abandonné par de nombreux hétérosexuels ?

Le mariage homosexuel n'apparaît-il pas seulement comme un discours de surenchère par rapport au pacs ? D'une certaine façon, cette surenchère a pu permettre de rendre le pacs plus acceptable, en le faisant paraître moins radical. Mais elle a aussi parfois attisé l'opposition au pacs, risquant de faire capoter l'ensemble du projet.

Tous ces éléments pourraient laisser penser que les homosexuels et les lesbiennes dans leur ensemble ont été très circonspects par rapport au pacs. Ce n'est pas le cas. Tous et toutes ont compris qu'il s'agissait d'un débat majeur pour la société française et la reconnaissance de l'homosexualité. Dès le premier projet de contrat d'union sociale, le Collectif pour le CUC, alors en constitution au sein de Gai Multiplex, avait pu réunir la plupart des groupes homosexuels et lesbiens et s'assurer de leur soutien.

Des différences tactiques ont pu se manifester. Certains ont eu du mal à sortir d'un discours strictement idéologique pour passer au niveau de la proposition politique. Des interrogations nombreuses se sont manifestées. À certains moments, les innombrables péripéties de l'adoption du pacs ont pu conduire au découragement chez certains. Le pacs aurait pu passer à la trappe au profit du concubinage et d'une revendication purement idéologique du mariage. C'est l'action déterminée du Collectif pour le pacs qui a permis à chaque étape de recentrer le débat.

On peut aussi remarquer que, personne n'ayant repris la proposition de statut spécifique pour les gays, le débat français a bien porté sur l'intégration de l'homosexualité dans la société. Quelles qu'aient été les propositions (concubinage, pacs, mariage), il s'est toujours agi d'un cadre qui ne concerne pas seulement les homosexuels. En ce sens, la discussion du pacs a permis d'avancer dans le vieux débat sur le droit à la différence ou à l'indifférence. Il n'y a pas, en France, de revendication communautariste homosexuelle réelle. Si l'on a pu voir se réveiller des expressions homophobes dans une partie de la population française à l'occasion de la discussion du pacs, en revanche, les homosexuels ont finalement montré leur ouverture aux autres, leur capacité à envisager la transformation de la société à un degré plus large que celui de la simple défense de leurs intérêts.

La meilleure expression de cela a sans doute été les grandes manifestations annuelles du mois de juin, baptisées Gay Prides. Inspirées des parades américaines dans la forme, elles ont toujours eu, en France, un caractère revendicatif, et ont intégré la revendication du contrat d'union sociale puis du pacs. L'action de ses dirigeants, Jean-Sébastien Thirard et Dominique Touillet (ce dernier par ailleurs responsable du groupe gay chrétien David et Jonathan), a été déterminante pour donner aux Gay Prides cet aspect revendicatif. Certaines expressions érotico-culturelles de manifestants ont pu parfois choquer. Mais, au fil des années, les Gay Prides sont devenues un grand rendez-vous annuel, non seulement pour les homosexuels, mais aussi pour nombre d'hétérosexuels qui y viennent, en famille, soutenir la cause des gays et se divertir.

Ainsi, le pacs peut être, pour les homosexuels et les lesbiennes, une occasion de se « normaliser », mais sans que cela remette en cause leur spécificité.

La justice, les juristes, les experts

Il n'est pas étonnant que la justice et les juristes se soient retrouvés en première ligne à propos d'un projet qui touchait au code civil. Mais, comme il s'agissait également d'une question concernant le couple, et donc l'évolution des familles et de la société, philosophes et sociologues vont également intervenir dans le débat.

Il faut bien se rendre à l'évidence, la très grande majorité de ces « experts » s'est opposée au pacs. Préjugés, méconnaissance, incapacité à envisager un cadre nouveau, tout a joué contre le pacs. Les arguments critiques le plus souvent entendus concernaient l'ordre symbolique : le pacs aurait remis en cause l'ordre symbolique de la société.

Dans la discussion du pacs, plusieurs conceptions du rôle du droit se sont manifestées. Une première conception voulait que le droit dise la norme et interdise purement et simplement tout ce qui sort de la norme. C'est par exemple l'attitude de Tony Anatrella, prêtre et psychanalyste, qui considère que seule la relation hétérosexuelle dans le mariage est créatrice de lien social, toutes les autres relations portant atteinte à ce lien. Cette conception est directement héritée de la théorie dite du droit naturel, qui s'inscrit dans un ordre présenté comme éternel et voulu par Dieu. Tony Anatrella tire du récit de la Genèse selon lequel Dieu créa l'être humain, homme et femme, la conclusion que l'homosexualité est un échec de l'intériorisation de l'autre sexe. Cette conception ne résiste évidemment à aucune analyse ethnologique et anthropologique : le mariage monogamique n'est pas la norme dans le monde entier ; l'homosexualité n'est pas stigmatisée dans toutes les sociétés et a été une référence dans la Grèce antique par exemple. Sans se retrouver dans les références religieuses d'Anatrella, de nombreux psychanalystes ont également refusé le pacs au nom de l'ordre symbolique.

Une deuxième approche voulait que le droit fixe la norme et ne se préoccupe pas du reste. Ce reste ne serait donc pas interdit mais devrait se situer à un niveau infrajuridique. Dans le débat qui nous occupe, c'était la conception napoléonienne, selon laquelle « les concubins ignorent la loi, la loi ignore les concubins ». Il ne s'agirait plus de pénaliser l'homosexualité, mais la loi ne doit pas la reconnaître.

Selon une troisième conception, la loi doit organiser un statut général pour ceux qui sont dans la norme sociale et des cadres spéciaux pour les autres. C'est le cas des pays d'Europe du Nord, qui ont créé des statuts de partenariats homosexuels spécifiques, à côté du mariage. On aura reconnu là une conception communautariste de la société, particulièrement développée aux États-Unis et dans les pays anglo-saxons, et qui se traduit sur le plan juridique par une multiplicité de droits spécifiques afférents à telle ou telle catégorie. Cette thèse est très éloignée de la conception universaliste du droit français. On a déjà remarqué qu'en France, seule la sociologue Irène Théry a défendu cette idée et qu'aucun groupe homosexuel ou lesbien n'a revendiqué de tels statuts.

La conception universaliste du droit, en apparence plus ouverte, n'est pas exempte de critiques. Après tout, malgré l'universalisme, on a pu pendant un siècle et demi proclamer que tous les hommes naissent libres et égaux en droit (Déclaration des droits de l'homme de 1789) et considérer les femmes comme des sujets de seconde zone. Ce n'est que très récemment que toutes les discriminations légales entre les sexes ont été abolies à défaut des discriminations pratiques. Il est significatif que les protagonistes de deux débats de société qui se sont tenus simultanément, la parité et le pacs, auront été pour l'essentiel les mêmes. Le pacs est un essai de dépassement des champs clos des différents domaines en sciences sociales. Il cherche à surmonter les contradictions en créant un cadre juridique unifiant sans nier les symboliques différentes. Cette démarche a été mal acceptée, car elle demandait à chaque « expert » de voir plus loin que son propre champ d'investigation habituel.

Du côté des juristes, les revues de jurisprudence ont publié presque exclusivement des articles négatifs sur le pacs. Dès le refus de la Cour de cassation de reconnaître le concubinage homosexuel, en 1989, on assista à un véritable déchaînement. L'avocat général Marcel Dorwling-Carter avait voulu situer le débat en faisant référence au projet de cotation à la Bourse de Wall Street d'une maison close : « Le Malin peut surgir à tout moment là où ne l'attend pas [1] », ajoutait-il. Les juristes qui commentèrent l'arrêt abondèrent dans le même sens. Le professeur Philippe Malaurie indiqua qu'il ne peut y avoir d'union libre entre homosexuels : « On peut bien appeler un chapeau une table ; le chapeau continuera d'être un chapeau et la table une table. La tricherie sur les mots est toujours le signe d'une dérive intellectuelle et morale [2]. »

On voit bien que dans ces prises de position qui se sont réitérées sous des formes diverses dans les revues de jurisprudence, au fur et à mesure de l'avancement du débat, on confond toujours le droit, la morale et la politique. Tout particulièrement, chez la plupart des spécialistes de droit civil, la moindre modification du code civil napoléonien est considérée comme un crime.

C'est pourquoi, à côté du discours précédemment évoqué, on trouve aussi un discours de disqualification du pacs. Dès que la presse commence à parler du contrat d'union civile, en 1992, l'avocat Jean-Marc Varaut commente : « Le contrat lui-même est un abus de droit. [...] C'est une idée dont la bêtise me fait peur. Mais des décennies de code civil ne me paraissent pas devoir être bouleversées par un socialisme vieillissant [3]. »

Le pacs serait un « monstre juridique », selon l'expression du professeur Jacqueline Rubellin-Devichi. Celle-ci est pourtant favorable à une mise à jour des concubinages et donc à l'extension de cette situation aux couples homosexuels [4]. Mais l'idée d'un statut nouveau, intermédiaire entre le mariage et le concubinage, lui paraît tout simplement inconcevable. L'attitude est la même chez le juriste Patrice Gélard, rapporteur sur le pacs au Sénat.

Une variante de ce discours de disqualification a consisté, tout au long du débat, à énoncer que le projet

1. Conclusions M. Dorwling-Carter, sous arrêts de la Cour de cassation du 11 juillet 1989.
2. Cass. soc., 11.7.1989, Dalloz, 1990, p. 582.
3. *Le Quotidien de Paris*, 20 avril 1992.
4. J. Rubellin-Devichi, *Les Concubinages : mise à jour*, Mélanges Huet-Weiller, 1994, pp. 29-32.

n'est pas assez abouti, que, partant de bonnes intentions, il ne sait pas les réaliser, qu'il s'agit de quelque chose d'insaisissable, que c'est une mauvaise réponse à de bonnes questions. On trouvera autour de cette attitude une étrange conjonction entre ceux qui refusent toute évolution et certain(e)s juristes, militant(e)s homosexuel(le)s (comme Daniel Borillo de l'association Aides) qui veulent le mariage homosexuel.

Cependant, certains juristes comme Yan Thomas ou Marcela Iacub ont cherché à montrer la relativité historique des modèles invoqués pour disqualifier le pacs [1].

Seul parmi les « civilistes », le professeur Jean Hauser de l'université de Bordeaux s'est efforcé de faire avancer le débat de manière pragmatique et de proposer des solutions consensuelles. Nommé par Jacques Toubon début avril 1997 à la tête d'une commission de réflexion sur la question, il est confirmé dans ces fonctions par Élisabeth Guigou dès le retour de la gauche au gouvernement. Le pacte d'intérêt commun proposé par le professeur Hauser ne sera que partiellement repris dans la suite de la discussion, le titre même paraissant un peu déshumanisé. Sa réflexion a eu le grand mérite de montrer que la liste des questions soulevées précédemment par le Collectif pour le contrat d'union civile est incontournable et qu'on ne peut faire avancer les choses par quelques mesures partielles.

La décision du Conseil constitutionnel rejetant tous les motifs d'inconstitutionnalité et validant la loi concernant le pacs sera un camouflet pour tous ceux qui s'étaient gaussés de ce projet jugé par eux trop extérieur aux normes juridiques habituelles.

Du côté des philosophes et des sociologues, un conglomérat s'est formé, contre le pacs, autour de la revue *Esprit*, de l'ex-Fondation Saint-Simon et de la sociologue Irène Théry. La Fondation Saint-Simon commande à Irène Théry une note sur le contrat d'union sociale qu'*Esprit* publie en 1997. Le contrat y est qualifié de mariage *bis* qui « menace, au nom de la Répu-

1. Voir notamment leurs articles in *Le Banquet*, n° 12-13, 1998.

blique, le mariage civil [1] ». La critique essentielle est celle de la désymbolisation : on ne pourrait en aucun cas faire coexister dans un même cadre des couples homosexuels, hétérosexuels et des cohabitants. Il faut certes réformer le mariage, le divorce et le concubinage, mais il faut trouver un statut à part pour les homosexuels. Il faut empêcher à tout prix qu'un jour des couples homosexuels et lesbiens puissent adopter et utiliser la procréation médicale assistée. Irène Théry reviendra à la charge dans son rapport sur la famille en 1998. Ce rapport lui avait été commandé par Élisabeth Guigou, ministre de la Justice ; mais cette dernière ne suivra pas les recommandations de la sociologue.

Esprit publiera de nombreux articles contre le pacs et un de ses rédacteurs, Guy Coq, se répandra dans de nombreuses tribunes pour critiquer « un pacs antisocial [2] » mettant en cause l'ordre symbolique qui fonde la société.

Il s'est trouvé cependant quelques philosophes et sociologues pour soutenir le pacs. La plus impliquée, dès le début de la réflexion, a été Élisabeth Badinter. Dès avril 1992, elle accorde un entretien à *Libération* dans lequel elle reprend l'argument universaliste et de justice pour défendre le contrat d'union civile : « Le CUC force la société française à reconnaître l'injustice de la discrimination [3]. » Dans l'entretien qu'elle donne à *Humœurs*, Élisabeth Badinter dit que le CUC permet de passer du droit à la différence au droit à l'indifférence : « Si je me sens concernée par le CUC ou la situation faite aux homosexuels, c'est parce que j'ai appartenu à la communauté juive [...] Je me suis énormément interrogée sur ce qui m'est le plus proche, le sentiment maternel, le rapport entre homme et femme, l'identité. [...] Il y a donc un intérêt personnel [4]. » Élisabeth Badinter n'a pas hésité à participer à de nom-

1. *Esprit*, octobre 1997.
2. Titre de son article dans *Le Banquet*, n° 12-13, 1998.
3. *Libération*, 12 mai 1992.
4. *Humœurs*, n° 1, mai 1993.

breuses réunions du Collectif, à mobiliser ses connaissances pour faire signer les pétitions de ce dernier. Dans la phase finale de la discussion du pacs, elle se fera plus discrète, du fait que plusieurs de ses proches et notamment son mari Robert Badinter sont opposés au pacs.

La philosophe Sylviane Agacinski s'interroge sur le pacs dans son ouvrage *Politique des sexes* [1]. Si elle se félicite de la meilleure reconnaissance du couple homosexuel dans la société contemporaine, elle se pose des questions sur l'étendue de cette reconnaissance et sur la symbolique de l'homosexualité par rapport à l'hétérosexualité : « Est-il possible ou souhaitable de penser l'homosexualité comme une forme universelle de désir sexuel, dont seul l'objet change, ou doit-on prendre en compte une structure particulière qui n'efface pas sa dimension transgressive [2] ? » Ces questions sont en effet très importantes, et Sylviane Agacinski a l'intelligence de comprendre la complexité du problème et les différents niveaux, théorique et politique, de l'analyse. Dans la suite de la discussion du pacs, informée notamment par le Collectif pour le pacs, elle prendra position de manière plus directement favorable. La presse se fera même l'écho du rôle qu'elle aurait pu jouer pour convaincre son mari, le premier ministre Lionel Jospin.

Un autre philosophe, François Dagognet, dans son livre *Une nouvelle morale*, accepte de se confronter aux problèmes concrets de notre temps. Dans ce cadre, il analyse trois institutions : la famille, le travail et la nation. Il constate que la famille est dans la tempête, mais loin de considérer que le pacs risquerait de contribuer à sa destruction, il se réjouit au contraire de ce qui est annoncé comme proche : « Nous passons donc du temps des représailles à celui des libéralités ; le moraliste ne peut qu'applaudir [3]. »

1. S. Agacinski, *Politique des sexes*, Seuil, 1998.
2. *Ibid.*, p. 124.
3. F. Dagognet, *Une nouvelle morale*, Les Empêcheurs de penser en rond, 1998, p. 71.

C'est un peu dans le même sens qu'intervient le grand spécialiste français de la sociologie de la famille, François de Singly. Il s'exprima plusieurs fois dans la presse sur le sujet et participa au congrès du Collectif pour le pacs de janvier 1999. Il a montré que le pacs se situe dans une évolution pluriséculaire de la vie privée en Occident vers la moindre institutionnalisation : « Même si le mariage était ouvert aux homosexuels, je continuerai à défendre le pacs pour les homosexuels et les hétérosexuels car je ne vois pas pourquoi il n'y aurait qu'une seule forme d'institution. » Il a eu surtout la modestie, rare chez bien des experts sur ce sujet comme sur d'autres, de reconnaître qu'on manque d'enquêtes sur ces questions et que les positions des uns et des autres sont plutôt des positions de principe.

Au total, la plupart des experts ont regardé de manière critique, sinon condescendante, un projet qui n'était pas issu du sérail intellectuel parisien. Ce faisant, ils se sont un peu plus coupés de la population qui, majoritairement, a appréhendé la question du pacs comme un problème concret à résoudre de manière concrète. Heureusement, certains experts ont su dépasser cette attitude et jouer leur véritable rôle d'analystes des phénomènes sociaux.

Les médias et l'opinion

Dans la société contemporaine, tout débat porté par les médias a une importance capitale. Dans le cas du pacs, c'est surtout la presse écrite qui a donné une large place à la discussion, même si un certain nombre de forums ont été organisés par les radios et les télévisions.

La presse écrite s'est trouvée très partagée sur le sujet, non seulement d'un organe de presse à l'autre, ce qui est habituel, mais à l'intérieur même des rédactions. Cela a conduit les journaux et en particulier les quotidiens à multiplier les tribunes faisant appel aux « experts », lesquels ont évidemment émis les opinions les plus diverses.

Tout a commencé, dans *Le Monde*, par un article du samedi 18 avril 1992, veille de Pâques. Sous le titre : « Pour les deux millions de couples non mariés, la création d'un contrat d'union civile est à l'étude », Christiane Chombeau annonce que « le Planning familial et des associations d'homosexuels viennent de constituer un Collectif pour promouvoir un texte dont les députés socialistes, qui le soutiendraient, pourraient faire une proposition de loi soumise, dès la session de printemps, aux parlementaires ». L'information est donnée de manière assez impartiale et provoque immédiatement une réaction de plus de cent articles dans la presse régionale.

Le rôle de la presse régionale a été très important dans la bataille du pacs. Cette presse est en effet la première de France, dépassant très largement la diffusion des quotidiens dits nationaux. Or, dès le départ, la presse régionale présente le contrat d'union civile (puis le pacs) de manière plutôt positive, en tout cas rarement de façon caricaturale et toujours en en montrant les effets juridiques pratiques pour une partie importante de la population. Si *Le Dauphiné* du 22 avril 1992 considère qu'« aux frontières de la loi et de la morale, ce débat provoque des réactions mitigées », *Nice-Matin* du 19 avril 1992 annonce plus clairement : « Les partisans de l'union libre passent à l'offensive. Le débat sur la reconnaissance de l'union libre vient d'être relancé », tandis que *L'Alsace* du 22 avril 1992 est un peu plus circonspecte : « À un an des législatives, la prudence semble de mise dans les rangs socialistes. » La première place est donnée à l'information et le concept de base concernant aussi bien les hétérosexuels que les homosexuels est bien compris. Cette attitude perdurera dans la presse régionale.

Il n'en a pas été de même dans la presse nationale. Au fur et à mesure de l'avancée du débat, la rédaction du *Monde* se trouvera tellement divisée qu'elle publiera les articles et tribunes les plus contradictoires sur le sujet et réalisera un supplément spécial consacré au pacs, le

10 septembre 1998, intitulé « Pour ou contre le pacs ». Les deux journalistes chargées successivement de suivre la question, Michèle Aulagnon et Clarisse Fabre ont manifesté des approches pour le moins différenciées, plus favorables pour la seconde. *Le Monde* a cependant pris conscience de l'importance du débat pour la société française en plaçant le pacs plusieurs fois à la une du quotidien.

Libération a eu un préjugé favorable pour le pacs. Dès le 21 avril 1992, Dominique Simmonot pose le problème en ces termes : « Union civile : le droit, la morale et la politique. » Elle note que rien juridiquement ne s'oppose à la discussion du projet mais qu'il fait peur, au nom de la morale. Ensuite, *Libération* va approfondir l'enquête et revenir souvent sur le sujet. Mais ce quotidien s'est trouvé pris dans les contradictions qui agitent les groupes homosexuels et la gauche au sujet du pacs. Cela l'amènera parfois à un discours sceptique ou de surenchère.

Le Figaro a commencé à parler du contrat d'union civile de manière tout à fait neutre. Véziane de Vézins, dans le numéro du 23 avril 1992, considère que « ce contrat a la décence de ne pas se résumer à l'addition de toutes les facilités de la vie de couple sans les inconvénients ». Deux jours plus tard, elle relève que « certains estiment qu'il constituerait un progrès. Mais beaucoup relèvent des ambiguïtés » (*Le Figaro*, 25-26 avril 1992). Des opinions favorables et défavorables sont présentées à égalité. Quand le débat va vraiment prendre place sur la scène politique, *Le Figaro* va alors rejoindre l'attitude d'opposition assez systématique au pacs qui caractérise la droite. Preuve qu'il est difficile, en France, de trouver des majorités d'idées sur les questions de société.

Les médias audiovisuels n'ont jamais cherché à traiter du sujet par une grande émission de débat. Ils ont assez vite compris que la passion soulevée par le sujet permet quelques coups spectaculaires. Ainsi le président du Collectif pour le pacs, Jan-Paul Pouliquen, se trouvera coincé dans quelques débats télévisés avec des opposants comme Christine Boutin. Ces émissions ne permettaient aucunement une discussion sur le fond des problèmes soulevés.

Dans ce contexte, l'élément le plus intéressant et peut-être le plus surprenant est le soutien permanent de l'opinion au projet. Elle s'est exprimée par de multiples sondages. Les résultats ont évidemment varié selon la formulation des questions et l'état du débat au moment de chaque sondage, mais il s'est toujours trouvé une majorité au moins relative favorable au contrat. On peut revenir sur trois de ces sondages car ils sont très éclairants sur la perception de la question dans la société française.

Le premier a été réalisé dès l'apparition du thème dans la presse. Il s'agit d'un sondage IPSOS de mai 1992 pour le journal homosexuel *Gai Pied* [1]. 32 % de la population est très favorable, 40 % assez favorable, 13 % assez opposée et 10 % très opposée au « contrat d'union civile qui donnerait à tous ceux qui vivent ensemble en dehors du mariage, quel que soit leur sexe, les mêmes droits et imposerait les mêmes devoirs ». On trouve donc que 72 % des personnes interrogées sont en faveur du contrat.

Mais les réponses à une autre question posée dans le même sondage montrent comment l'opinion comprend les choses : 46 % des sondés sont d'accord avec l'opinion selon laquelle les concubins homosexuels devraient avoir les mêmes droits que les autres concubins, mais 44 % sont contre. Autrement dit, s'il s'agit d'un simple rattrapage de droits pour les homosexuels, la société n'est pas opposée mais n'est pas enthousiaste. On peut d'ailleurs noter une évolution favorable à cet égard puisque la même question sur les droits des concubins homosexuels avait été posée par IPSOS en 1986 et qu'il ne se trouvait alors que 35 % pour mais 53 % contre.

1. Sondage IPSOS pour *Gai Pied*, 15 mai 1992, échantillon national représentatif de 1 000 personnes (méthode des quotas).

En revanche, ce sondage montre que, lorsqu'on cherche à résoudre les problèmes généraux des couples non mariés, une très large majorité approuve en admettant, au nom du principe de non-discrimination, que cela peut aussi s'appliquer aux homosexuels. 83 % des mêmes sondés sont d'accord avec l'opinion : « Chacun a le droit de vivre comme il veut, c'est un signe de liberté. » Dès ce premier sondage, la stratégie du Collectif pour le pacs se trouve donc totalement validée.

D'autres éléments qui vont marquer le débat sont déjà révélés par ce premier sondage. Ainsi, les plus jeunes sont les plus favorables et les plus âgés les plus opposés : 83 % des moins de 35 ans sont pour, mais 65 % seulement des plus de 35 ans. L'opinion selon laquelle ce seraient les catégories intellectuelles supérieures parisiennes qui seraient seules concernées par le projet est battue en brèche. On a déjà noté les réticences des « experts », mais on s'aperçoit que ce sont les employés et les ouvriers qui sont les plus favorables tandis que les agriculteurs et les retraités sont les plus opposés. S'il y a plus de personnes favorables à gauche (80 % à cette époque), il y en a quand même 65 % à droite. Les chiffres pourront varier ensuite selon les sondages, mais on remarquera toujours à la fois l'avance de la gauche et un fort pourcentage d'opinions favorables à droite. Cela ne laissera pas de gêner la droite dans sa stratégie vis-à-vis du pacs, mais mettra longtemps à entraîner la gauche à s'engager résolument en sa faveur.

Le 27 mai 1992, *VSD* publie un autre sondage (IFOP), présenté sur sa couverture sous le titre « Mariages homos c'est pour bientôt ». Le titre est évidemment provocant et le contenu de l'hebdomadaire tente de s'opposer au mariage gay. Le dossier entretient délibérément une confusion entre le projet du Collectif et le mariage. Ainsi la question sur le contrat d'union civile est formulée de la manière suivante : « Ce projet donnerait à deux personnes qui vivent ensemble les mêmes droits et les mêmes obligations qu'aux couples mariés, quel que soit le sexe. » 26 % des sondés se déclarent favorables, 31 % opposés et 41 % indifférents. S'agit-il d'un retournement de l'opinion en quinze jours ? Nullement. Tout d'abord l'échelle d'attitude utilisée n'est pas l'échelle habituelle qu'on a évoquée pour le sondage précédent. Le terme « indifférent » ne se situe pas dans le même registre que « favorable » ou « opposé » et de ce fait brouille la compréhension de la question en offrant une réponse-refuge que tous les professionnels de l'opinion connaissent. Mais surtout, en assimilant totalement le projet au mariage (ce qui n'est pas le cas), les sondeurs ont entraîné une réponse défavorable.

Preuve s'il en est que l'opinion n'a pas changé : à toutes les questions relatives aux droits qu'il faudrait donner aux couples homosexuels, une large majorité se dégage dans ce sondage *VSD*/IFOP : 82 % pour « rester dans le logement du couple en cas de décès de l'un » ; 72 % pour « hériter de l'autre en payant des droits de succession réduits comme dans le cas d'un couple marié » ; 64 % pour « bénéficier de la Sécurité sociale de l'autre ». En clair, l'opinion, avec les initiateurs du pacs, veut résoudre des problèmes concrets dans un cadre juridique qui ne soit pas le mariage, même si l'on peut pratiquer par analogie avec celui-ci pour certains éléments. Le même sondage montre les difficultés à aller plus loin, en indiquant que 62 % des personnes interrogées sont opposées à ce que les couples homosexuels puissent « jouir des mêmes droits que les couples mariés pour adopter un enfant ».

Le dernier sondage qu'il convient d'analyser de plus près concerne l'attitude des concubins hétérosexuels face au pacs. Tout au long du débat, une question résurgente a été posée : le choix d'un statut pour les couples homo – et hétérosexuels ne risquait-il pas d'être un cache-sexe (en l'occurrence, un cache-homosexe !) ? Ne valait-il pas mieux instituer, comme en Europe du Nord, un statut spécifique pour les couples homosexuels ? Y aura-t-il des concubins hétérosexuels intéressés par le pacs ?

Le sondage réalisé par l'IFOP pour *Libération* du 8 septembre 1998 répond de manière claire : réalisé auprès d'un échantillon représentatif de 407 couples hétérosexuels vivant maritalement, il montre que 57 % de ces concubins hétérosexuels sont intéressés par le pacs. Les femmes se sentent un peu plus motivées que les hommes (59 % contre 55 %). Les plus concernés sont les 25-49 ans (plus de 60 %). Toutes les professions accueillent majoritairement le pacs ; seuls les retraités sont opposés. Si les habitants de l'agglomération parisienne sont particulièrement favorables (62 %), 56 % des résidents dans les villes de province et dans les communes rurales le sont aussi. Les concubins hétéros écologistes sont un peu plus nombreux que ceux de gauche à s'intéresser au pacs (66 % contre 62 %), mais il y a 53 % d'électeurs de la droite intéressés (donc une majorité).

Dans l'article qui accompagne les commentaires du sondage, la journaliste de *Libération*, Blandine Grosjean, qui suit le dossier, résume bien la situation : « Le combat homosexuel profite à tous. » Dans son éditorial, Laurent Joffrin insiste : « Le pacs, sous la forme qu'il revêt aujourd'hui, représente un progrès indiscutable. Dans le vieil antagonisme entre liberté individuelle et valeurs collectives, il promeut la première sans menacer les secondes. »

Au total, ce soutien constant de l'opinion a sans doute aidé la gauche à s'engager plus fermement dans son action pour faire aboutir le pacs. Il a également divisé la droite prise entre le discours familialiste traditionaliste et l'évolution de la société. On peut d'ailleurs noter le décalage entre le discours peureux de bien des politiques et la tranquille assurance d'une opinion prête à admettre un nouveau cadre, avec des limites certes, mais sans l'hystérie qui a agité une partie de la classe politique et des milieux intellectuels.

Les religions

Au niveau officiel, le discours des institutions religieuses a été plutôt hostile au pacs. C'est ce qui est apparu de manière la plus évidente dans les médias. Pourtant, à y regarder de plus près, on peut remarquer qu'aussi bien chez les catholiques que chez les protestants, les juifs ou les musulmans, il y a eu un débat interne, parfois vif, et des positions beaucoup plus diversifiées que les prises de parole des organes officiels des diverses confessions.

En ce qui concerne l'Église catholique romaine, le Collectif pour le contrat d'union civile avait pris contact avec l'épiscopat dès 1992. Quand Jan-Paul Pouliquen rencontre le secrétaire de la commission familiale de l'épiscopat, le père Michel Paysant, les réactions de celui-ci ne sont pas négatives. Le père Paysant souhaite que les termes de « couple » ou de « partenaires » soient remplacés par « contractants » dans le CUC afin d'éviter la confusion avec le mariage. Dans un entretien donné à *Libération*, le 12 mai 1992, il précise : « Le CUC s'appliquera aussi bien à deux vieilles femmes qui souhaiteraient mettre leurs intérêts en commun. Cet exemple démontre que le CUC ne régule ni les sentiments ni les problèmes sexuels, mais les problèmes matériels et de soutien mutuel. » On voit que ce qui est alors pris en compte, c'est l'aspect social du projet. Le père Paysant rappelle que « la cellule familiale est la base de la société », mais admet que « la loi n'est pas là pour définir une morale ». « On vit la séparation de l'Église et de l'État. Et l'État doit faire son travail », ajoute-t-il. Interrogé par une journaliste de *Libération* sur la question de savoir si le CUC aura une incidence sur le nombre de mariages, il répond : « Franchement, je crois que ça ne jouera pas. Par contre, j'aimerais que l'État fasse un peu plus la promotion du mariage. » Le père Paysant ayant rappelé qu'il parlait officiellement au nom de l'Église, on pouvait donc s'acheminer vers une position catholique nuancée : soutien au mariage, pas de reconnaissance de l'homosexualité mais acceptation de droits pour protéger des catégories diverses.

Malheureusement, cette position n'a pas tenu. La Conférence épiscopale, le Vatican, le journal *La Croix*, vont entrer en campagne contre le projet. Bien sûr, Mgr Gaillot, encore évêque d'Évreux, faisait partie du comité de parrainage du Collectif pour le CUC, ainsi que le dominicain Jean Cardonnel, mais la plupart des prises de position officielles vont être négatives.

La fédération de groupes homosexuels chrétiens David et Jonathan a effectué un travail d'explication auprès des instances catholiques pour obtenir sinon une approbation du moins une forme de compréhension. L'attaché de presse de David et Jonathan et secrétaire de l'abbé Pierre, le père Jacques Pérotti, participait également au comité de parrainage du Collectif, mais la hiérarchie catholique reste sourde à ces appels.

Un membre du Collectif tenta d'expliquer à des parlementaires catholiques réunis par le Secrétariat pastoral d'études politiques [1] la finalité du contrat, mais le ton dominant de la réunion sera celui imposé par le psychanalyste Tony Anatrella : très hostile. Curieusement, Tony Anatrella, par ailleurs prêtre, ne fit aucune référence à des éléments de morale chrétienne, mais se contenta de critiquer le contrat au nom de la symbolique psychanalytique des sexes. L'homosexualité, dans cette conception, est le signe du refus de la différence des sexes, de l'altérité, et s'il faut respecter les « personnes homosexuelles », il ne faut, selon lui, en aucune manière, même indirectement, apporter une reconnaissance à leurs situations de vie.

Ce discours, faisant la différence entre les « personnes homosexuelles » qu'il faut respecter et « l'homosexualité » qu'il faut condamner, sera repris par une grande part de la classe politique, notamment par Christine Boutin, députée UDF et membre de la

1. Organisme créé par l'Église catholique pour débattre avec les hommes politiques.

Congrégation pontificale pour la famille, laquelle brandira la Bible à l'Assemblée nationale le 9 octobre 1998.

Pendant l'été 1998, sans allusion à la situation française, le pape rappelle les positions de l'Église catholique romaine sur le mariage et se prononce contre la légalisation d'autres statuts de couple. Dans cette lignée, le conseil permanent de la Conférence épiscopale française fait une déclaration le 15 septembre 1998, très hostile au pacs : « Des tendances ou des modes de vie dans lesquels certains se reconnaissent individuellement n'ont pas à devenir, à travers la loi, des références sociales. » Le texte explique que des mesures limitées pourraient être prises, que la plupart des problèmes soulevés sont déjà réglés par le droit, ce qui ne repose sur aucune analyse réelle. Le pacs est accusé de « risquer de déstructurer davantage le sens du couple et de la famille ». Pour les évêques, « il n'y a pas d'équivalence entre la relation de deux personnes du même sexe et celle formée par un homme et une femme. Seule cette dernière peut être qualifiée de couple ». La condamnation est sans appel. Elle va servir le discours de la partie de la droite la plus opposée au pacs.

Des militants catholiques font de la propagande contre le pacs dans les églises et distribuent des tracts appelant à la manifestation anti-pacs du 31 janvier 1999, à la sortie des messes. Une partie de l'Église catholique retrouve son discours hostile à la gauche et espère faire reculer le gouvernement sur le pacs, comme elle y était parvenue sur l'école libre en 1984.

Mais, en fait, il n'y a pas unanimité contre le pacs au sein de l'Église catholique. On ne s'étonnera pas que *Témoignage chrétien*, hebdomadaire « catho de gauche », ait largement ouvert ses colonnes à ceux qui critiquaient la position épiscopale et ait considéré dans plusieurs numéros que « le pacs va dans le bon sens [1] ». Plus originale et représentative du débat interne à l'Église catholique est la position de *La Vie*, organe chrétien d'information. Cet hebdomadaire, créé par

1. *Témoignage chrétien*, 18 juin 1998.

Georges Hourdin, n'est pas classé à gauche. Mais il cherche à analyser l'évolution de la société. *La Vie* va donc rendre compte de façon nuancée du débat sur le pacs, en présentant diverses positions et notamment celle du Collectif pour le pacs. *La Vie* va alors se faire « taper sur les doigts » par l'épiscopat. Le porte-parole de la Conférence épiscopale s'adresse au directeur de la rédaction de *La Vie* : il lui reproche d'avoir écrit que les « évêques s'étaient prononcés trop vite, [...] pressés par certains milieux traditionalistes ». *La Vie* réplique dans son numéro du 5 novembre 1998 que « la presse catholique, dont *La Vie* est l'une des voix, n'est pas la presse du parti ». C'est une façon de revendiquer le pluralisme dans l'Église. *La Vie* s'appuie sur un sondage CSA qu'elle publie le même jour et qui montre que les catholiques pratiquants ne sont pas tous hostiles au pacs. Le directeur du CSA, Roland Cayrol, sera pris à partie par l'épiscopat pour ce sondage. Il répondra sèchement qu'il n'entend pas céder à « l'intimidation des acteurs institutionnels [1] ».

Au congrès du Collectif pour le pacs de janvier 1999, le philosophe jésuite Luc Pareydt reprend ce discours d'ouverture : « Le recours sacral au caractère privé de nos choix affectifs est un leurre. La soumission sans recul à des magistères politiques ou religieux est une bêtise. Le seul débat qui vaut aujourd'hui et convoque tous les modes de vie (hétérosexuel, homosexuel, union libre, mariage, célibat, vie religieuse...) est d'interroger notre capacité d'aimer. » Dans ce cadre, « le mariage doit-il être la seule norme pour tant d'itinéraires qui doivent d'abord assurer leur cohérence psychologique, sociale, spirituelle ? ».

Dans la revue jésuite *Études*, le théologien Xavier Thévenot, auteur d'une thèse sur l'homosexualité [2], note les contradictions de la position de l'épiscopat, telle qu'elle est ressentie, notamment, par les jeunes

1. *Le Monde*, 5 novembre 1998.
2. *Homosexualité masculine et morale chrétienne*, Le Cerf, 1985.

homosexuels : « Au moment même où on leur déclare de façon répétitive que l'homosexualité prend mal en compte l'altérité, ils ont l'impression souvent fondée que l'on se comporte envers eux sans vraiment respecter leur propre altérité [1]. » On le voit, dans les milieux catholiques, la réflexion sur le pacs a été autrement plus complexe que ne pouvaient le laisser penser les déclarations officielles de l'épiscopat.

L'islam est, on le sait, la deuxième religion de France, mais sa place sociale n'est pas à la mesure du nombre de ses fidèles. En revanche, il n'existe pas en islam de hiérarchie du type de celle qui existe dans l'Église catholique. Il n'y a même pas de clergé. Enfin, l'islam français est particulièrement divisé, du fait de l'origine géographique très diverse des musulmans de France, et de courants de pensée souvent au bord de l'affrontement.

Sur l'affaire du pacs, deux positions vont se manifester. D'un côté celle de la mosquée de Paris, de l'autre celle du mufti de Marseille. La mosquée de Paris, par son antériorité, est souvent considérée comme le porte-parole des musulmans de France. En fait, il n'en est rien. Le recteur de la mosquée de Paris, Dalil Boubakeur, va d'abord chercher à inscrire l'islam dans le débat religieux français. Son souci de « normalisation » le pousse à approuver la déclaration des évêques, à prendre une position commune avec les représentants des autres religions hostiles au pacs. Des musulmans participeront à la manifestation anti-pacs du 31 janvier 1999, non loin des militants du Front national...

Très différente est la position de Soheib Bencheikh, fils de l'ancien recteur de la mosquée de Paris, et mufti de Marseille, après avoir obtenu un doctorat en sciences religieuses en France. Il se situe dans le courant dit de l'Islah (la Réforme), pour lequel il s'agit de faire un effort de réflexion permanent pour comprendre comment interpréter les textes sacrés dans chaque situation

1. *Études*, avril 1999.

et chaque époque. Ainsi, sur la question du voile islamique, il explique : « Au départ, il est destiné à protéger la femme. Aujourd'hui dans une société moderne, la meilleure protection c'est l'éducation la plus haute pour donner les armes indispensables dans la vie [1]. » Autrement dit, Soheib Bencheikh fait l'éloge de l'école laïque et républicaine ! Pour lui, islam et laïcité ne doivent pas être opposés. Il publiera d'ailleurs un ouvrage intitulé *Marianne et le Prophète* [2]. Dès lors, pour lui, le pacs n'a rien de diabolique. Il considère que la conception contractuelle n'a rien de choquant pour un musulman. Il pense que de nombreux jeunes musulmans seront intéressés par le pacs qui correspond mieux à leur mode de vie : « On garantit le cadre juridique qui assure les droits des uns et des autres et on garantit du même coup la liberté individuelle. J'ai la certitude que si l'on offre cette solution aux jeunes musulmans, ils deviendront les plus pacsés », annonce-t-il au congrès du Collectif pour le pacs en janvier 1999. Il conclut son intervention avec un sourire : « Je suis un religieux, j'ai donc le droit de faire une prière : pacsez-vous les uns les autres. »

Du côté de la communauté juive, aucun grand débat ne s'est fait jour sur le pacs. Le grand rabbin Sitruk se contente de reprendre la position hostile de la plupart des autorités religieuses. Devant l'association des journalistes de l'information religieuse, le 29 octobre 1998, il critique la proposition sur le pacs, « non pas parce qu'elle est immorale, mais parce qu'elle est dangereuse pour la France ». Le danger viendrait d'une « crise de civilisation qui est une crise d'irresponsabilité ». Il complète : « Le pacs, c'est une manière de dire aux gens : " Vous êtes bien comme ça, restez comme vous êtes. " C'est-à-dire qu'on leur demande de s'arranger, pas de s'engager. » On ne peut pas dire que cette analyse brille par sa précision.

1. *Libération*, 3 février 1998.
2. Grasset, 1998.

Chez les protestants, on trouve toutes sortes de positions sur les questions politiques comme sur les questions de société et de mœurs. Certains protestants ont une attitude très ouverte aux minorités, se rappelant leur propre situation au sein des religions de France ; on se souvient du pasteur Doucé bénissant des unions homosexuelles. D'autres protestants insistent sur une morale rigoureuse au nom des principes de la Réforme. Finalement, à l'automne 1998, la Fédération protestante de France, dans un texte intitulé *Éléments de réflexion sur la famille, la conjugalité et la filiation,* admet que des avis opposés divisent ses membres quant à la conjugalité homosexuelle et l'interdit de la filiation pour les couples homosexuels. Elle reconnaît dans le pacs « la demande d'une société où les liens de solidarité conjugale soient plus durables, mieux reconnus, plus encadrés et moins soumis aux effets pervers d'une logique de libre consentement privé, sans engagement ». Autrement dit, contrairement à ce que disent certains, le pacs ne va pas amoindrir le lien social, détruire la famille, mais au contraire créer de nouvelles solidarités. Mais la Fédération protestante ne va pas plus loin et se refuse à un engagement pour le pacs.

Le mouvement associatif et syndical

Le mouvement associatif et syndical a été présent dans le débat sur le pacs, mais il a été plus discret que les acteurs politiques. Cela est assez fréquent dans la réalité politique française. Pourtant, sans le soutien de plusieurs structures associatives, le pacs n'aurait sans doute pas pu aboutir, et ce malgré l'opposition d'autres associations.

On ne reviendra pas ici sur le rôle du Collectif national pour le contrat d'union civile et le pacs, qui est l'exemple même d'une association s'étant constituée et organisée pour un objet spécifique, en l'occurrence le pacs. Le Collectif a réussi, sinon à fédérer tous les protagonistes favorables au pacs, du moins à être le lieu de la permanence de l'initiative et de l'action pour le pacs.

En ce qui concerne le rôle des associations gaies, on peut se reporter aux éléments précédents de ce chapitre. On notera qu'une association qui n'est pas formée d'homosexuels, mais de parents et amis de gais, a publié une « Lettre ouverte aux parents qui ont peur du pacs » dans *Libération* le 3 décembre 1998. Après avoir réfuté l'idée que le pacs serait un danger pour la famille, l'association Contacts annonce : « Pour nous, le pacs représente une avancée vers plus de tolérance et d'ouverture. Nous sommes fiers que nos enfants et leurs aînés soient les initiateurs d'un projet qui ne les concerne pas uniquement et qui répond à une nécessité sociale. »

La première grande association qui s'est impliquée dans le contrat d'union civile, dès 1992, est le Mouvement français pour le planning familial. Les premières réunions d'élaboration de la proposition de loi se sont tenues dans ses locaux. Le MFPF a été une des structures qui ont mené le combat pour la liberté de la contraception et de l'avortement. Ce mouvement féministe et d'éducation populaire inscrit ses objectifs dans le combat contre les inégalités sociales et les oppressions, et agit pour le changement des mentalités et des comportements. Il s'est tout de suite senti concerné par le projet, non seulement en ce qu'il permet de réparer des injustices pour les couples homosexuels à l'époque du sida, mais parce qu'il s'agit « d'un contrat entre deux personnes qui ont un projet commun de vie, sans prendre en compte ni leur sexe ni leur vie affective et sexuelle [1] ». La présence du Planning familial dans les premiers soutiens du projet a été le gage de sa conception large, du souhait que l'ensemble de la société se trouve concerné.

Du côté des associations familiales, les réactions ont été plutôt négatives, encore qu'un débat important ait eu lieu au sein de l'Union nationale des associations fami-

1. Communiqué, juin 1996.

liales. Cela s'est notamment manifesté lors de la matinée de discussion organisée par l'UNAF avec le Collectif pour le contrat d'union sociale. Le 19 octobre 1996, Jan-Paul Pouliquen et Gérard Bach-Ignasse, qui représentaient le Collectif, se sont trouvés devant une assemblée dont une partie comprenait leurs préoccupations, une autre étant plus réservée, une troisième hostile. L'UNAF fera distribuer en son sein un compte rendu exhaustif des trois heures de discussion. Un membre de sa direction, Henri Bauer, participe au congrès du Collectif en janvier 1997 ; il y émet des réserves sur certains aspects du débat. Cependant, tout cela permettra de garder le contact entre le Collectif et l'UNAF. Le président de l'UNAF, Hubert Brin, reçoit le Collectif le 27 septembre 1997, quelques minutes avant d'aller discuter avec le premier ministre Lionel Jospin de la politique familiale. La préoccupation de l'UNAF sera de séparer la discussion sur le contrat et celle sur la famille. Ces rencontres n'empêcheront pas le congrès de l'UNAF de prendre position contre le contrat mais auront au moins permis d'éviter une bataille frontale de l'UNAF : celle-ci restera sur une prudente réserve dans la suite du débat. Seules les associations familiales catholiques (les plus importantes par le nombre de leurs adhérents) s'engageront fortement contre le pacs, et seules les associations familiales laïques le soutiendront réellement.

On peut remarquer le soutien de la Ligue des droits de l'homme qui, dès 1992, s'est adressée au premier ministre de l'époque Pierre Bérégovoy pour lui demander d'inscrire le contrat d'union civile à l'ordre du jour du Parlement avant les élections législatives de 1993. Dans sa lettre, la présidente de la LDH, Madeleine Rébérioux, présente sa démarche comme cherchant à renforcer des droits essentiels.

Du côté d'associations plus sectorielles, on peut noter le soutien des syndicats étudiants de gauche UNEF et UNEF-ID. Ces associations de jeunesse se retrouvent bien dans une démarche qui offre aux jeunes un cadre de vie nouveau. À l'autre bout de l'échelle des classes d'âge, une association de retraités, La Flamboyance, a participé à la discussion du projet : elle était en effet persuadée que deux personnes âgées pourraient être intéressées par le contrat, soit qu'elles forment un couple sans vouloir se marier ou se remarier, soit qu'elles souhaitent former un duo de solidarité. La réflexion de La Flamboyance, exprimée par Michel Daureil au congrès du Collectif en 1997, a permis de faire évoluer le projet sur la question des successions.

Les associations de handicapés ont également perçu l'intérêt du pacs. Dans un article de la revue *Déclic* [1], magazine de la famille et du handicap, le rédacteur rappelle l'intérêt du pacs non seulement du point de vue de la solidarité mais aussi pour « des personnes handicapées qui n'ont pas franchi le cap du mariage civil pour des raisons de réticence sociale ». La revue se montre également très favorable à l'application du pacs aux fratries car plusieurs milliers de personnes handicapées vieillissantes sont « devenues dépendantes d'un frère à la mort des parents ».

Les associations de lutte contre le sida ont été évidemment les premières concernées par le pacs. Act Up, qui se définit également comme une organisation gay, reconnaît s'être intéressée tardivement à la question du statut juridique du couple homosexuel. À partir de 1997, elle soutient les différents projets de CUS, PIC, PACS tout en pratiquant un discours de surenchère. À la suite de la manifestation anti-pacs du 31 janvier 1999, Act Up menace de dénoncer l'homosexualité d'un député de l'opposition y ayant participé. Cette attitude, outre les problèmes éthiques qu'elle pose, a le désavantage de déplacer le débat sur un problème périphérique, à un moment où les manœuvres des sénateurs de droite font craindre l'abandon du projet.

La fédération Aides avait élaboré en 1995 son propre projet, intitulé contrat de vie sociale. À l'automne de la même année, un travail commun d'Aides et du Collectif

1. N° 53, janvier-février 1999.

pour le contrat d'union civile donna naissance au contrat d'union sociale. La réunion des deux textes permettait d'accroître les soutiens du projet et fut bien accueillie dans le milieu gay et au-delà. Malheureusement, la coopération entre Aides et le Collectif ne dura pas. Querelles de personnes ? Sans doute. Modes d'action différents ? Aussi. Mais surtout, Aides va hésiter de manière permanente entre la défense du contrat d'union sociale, du concubinage homosexuel et du mariage homosexuel. Cette façon de ne pas vouloir hiérarchiser les enjeux va porter atteinte à la crédibilité du pacs. Surtout, Aides n'a pas pris en considération le caractère long et complexe de l'adoption du pacs, qui implique une négociation permanente. Le responsable juridique d'Aides, Daniel Borillo, considérera que le pacs est un projet « insaisissable [1] » ce qui apporte un soutien efficace aux adversaires du pacs. Ce faisant, Aides s'est refusé les moyens d'agir de manière importante dans la discussion du pacs.

Les syndicats (aussi bien la CGT que la CFDT ou FO) se sont contentés de faire connaître une opinion plutôt favorable au pacs. Cela n'était pas évident et montre que, sur ce point, les syndicats ont plutôt suivi l'opinion qu'ils ne l'ont précédée. Un problème pouvait se poser dans la fonction publique. En effet, le pacs prévoit le rapprochement des partenaires, comme cela se fait déjà pour les conjoints mariés. Or, sur ce point, le pacs ne se contente pas d'accorder à une nouvelle catégorie un droit déjà obtenu par d'autres ; il modifie la situation pour ces derniers. Compte tenu du nombre restreint de possibilités de rapprochement, le pacs fait entrer un nombre supplémentaire de personnes dans la compétition et risque d'accroître les délais pour obtenir une réponse favorable. La question est particulièrement cruciale dans l'Éducation nationale et l'on pouvait craindre une réticence des syndicats enseignants. Il n'en a rien été. Le SNES (syndicat majoritaire dans le second degré) a, au contraire, proposé à Jan-Paul Pouliquen et

1. *Le Monde*, 16 février 1999.

Hervé Champagnac du Collectif pour le pacs, le 1er avril 1998, de rédiger un communiqué pour demander que lors de la discussion du pacs « le rapprochement de fonctionnaires soit pris en compte ainsi que diverses mesures spécifiques (congé suite au décès du partenaire...) ».

Parmi les opposants au pacs, deux associations *ad hoc* vont être créées : le collectif des maires de France pour le mariage républicain et Générations anti-pacs. Le Collectif des maires, animé par le maire de Felletin, Michel Pinton, a bénéficié du soutien d'associations catholiques sinon intégristes, du moins traditionalistes. Opérant une désinformation sur ce qu'est véritablement le pacs, il suscite la signature de plusieurs milliers de maires contre ce qui est présenté comme un mariage homosexuel. Une contestation aura lieu sur le nombre de maires qui ont signé la pétition. En tout cas, l'action de ce collectif des maires a fait reculer le gouvernement sur la signature du pacs en mairie. En contrepoint se créera un collectif des mères de France pour le pacs !

Générations anti-pacs, reprenant à contre-emploi le slogan de l'élection présidentielle de 1988 (Génération Mitterrand), va être l'organisatrice de la grande manifestation anti-pacs du 31 janvier 1999. Après quelques essais dans la rue, à l'automne 1998, où seules les familles des beaux quartiers apparaissaient, Générations anti-pacs a voulu se donner un « look » plus moderne avec T-shirts colorés et musique techno. Cela n'a rien enlevé à son discours d'exclusion relayé par la droite extrême sinon l'extrême droite.

Le processus

Étapes

Les principes à l'origine du pacs ont assez vite été dessinés [1]. Mais, comme le notent le président et le secrétaire général du Collectif pour le pacs, Jan-Paul Pouliquen et Denis Quinqueton, dans la postface de cet ouvrage, sa réalisation aura demandé près de dix ans. La chronologie qui suit permet de resituer tous les épisodes d'un débat, d'une bataille politique qui n'ont pas manqué de suspense, d'hésitations, de retours en arrière, d'accélérations, de rebondissements...

Toutefois, le rappel de la succession des faits ne suffit pas à lui seul à faire comprendre le déroulement du processus. Le terme de processus est d'ailleurs celui qui convient le mieux pour expliquer la forme qu'a prise la discussion dans toute cette période. Un élément le manifeste de façon évidente : le nom même du projet a changé plusieurs fois ; de partenariat civil, on est passé à contrat d'union civile puis à contrat d'union sociale, et même contrat d'union civile et sociale. Le terme pacte d'intérêt commun a été proposé par Jean Hauser, puis Gérard Bach-Ignasse a inventé le sigle pacs pour pacte civil de solidarité, dont l'homophonie avec *pax* (la paix en latin) correspondait mieux à la visée du contrat.

1. Voir *supra*, pp. 125 à 137.

Certains se sont gaussés de ces modifications incessantes. La députée Christine Boutin, fortement opposée au pacs, a même intitulé son livre *Cucs, pic, pacs et autres projets législatifs, le mariage des homosexuels* [1]. Pour elle, la succession de sigles n'aurait cherché qu'à mieux camoufler la visée homosexuelle du projet. Du côté des homosexuels au contraire, et plus largement dans la population, certains ont eu du mal à suivre les évolutions et ont pu de ce fait prendre quelque distance avec le processus. Mais en fait, comme l'ont montré toutes les enquêtes d'opinion, le soutien de la population est resté majoritaire quels que soient les rebondissements du débat.

Dès lors qu'il apparaissait clairement, dès 1989, que la Cour de cassation refusait toute évolution, notamment en ne voulant pas appliquer la notion de concubinage aux couples homosexuels, il fallait passer par la loi. La première étape a consisté à faire exister une proposition de loi. La possibilité d'un projet émanant du gouvernement était inenvisageable. L'initiative ne pouvait venir que des parlementaires. Il ne s'est trouvé qu'un parlementaire, le sénateur socialiste Jean-Luc Mélenchon, pour signer la première proposition de partenariat civil en 1990. On peut noter que, dès cette proposition, il était question d'un cadre ne s'appliquant pas exclusivement aux homosexuels

Quand Jan-Paul Pouliquen et Gérard Bach-Ignasse ont repris l'initiative l'année suivante, ils avaient senti que le questionnement social sur ce problème allait bien au-delà des cercles homosexuels, tout spécialement chez les couples hétérosexuels approchant de la retraite, ou confrontés à la maladie et à la mort. Ils ont tout de suite compris qu'il fallait le soutien de l'ensemble des groupes homosexuels, une élaboration qui se fasse avec des partenaires qui ne soient pas exclusivement homosexuels, une présentation de la proposition de loi par un maximum de parlementaires de la majorité de gauche d'alors.

1. Critérion, 1998.

Au lieu d'agir seuls, les militants homosexuels ont cherché, en tant que tels, à confronter leurs points de vue avec d'autres approches. Des syndicats ont également approuvé l'initiative. Du côté des politiques, les Verts et Génération Écologie ont tout de suite apporté leur soutien. Mais les autres partis politiques ont été beaucoup plus réticents : comme toujours en France, sur ces questions de mœurs, l'extrême prudence est la règle. Il faut bien dire aussi que, du côté des juristes, sociologues et psychologues intéressés au premier chef par un projet comme celui-ci, l'incompréhension a été la réaction majoritaire : la prégnance des cadres de réflexion institués est telle que beaucoup ne pouvaient admettre une démarche « transversale » comme celle-ci. Cependant, avec les années, on a vu les choses évoluer : de nombreux universitaires ont inclus le projet dans leur enseignement, en droit [1], en sociologie ou en psychologie.

Le soutien de la quasi-totalité des groupes homosexuels a été acquis dès la réunion organisée par Gai Multiplex le 16 octobre 1991. Le terme de contrat d'union civile est retenu : il s'agissait de faire prévaloir le contractuel sur l'institutionnel, de partir de la situation de l'union libre mais avec une reconnaissance civile. Cet accord sera très important pour la suite; quand viendront les hésitations sur la tactique à mener, il restera quelque chose de l'accord de départ.

La rédaction du texte lui-même s'est faite avec des juristes, sociologues, philosophes, inspecteurs du travail, militants politiques, associatifs, syndicaux, le tout avec le concours du Mouvement français pour le planning familial. C'était une garantie que le projet dépasse le cadre homosexuel. Début 1992, Jan-Paul Pouliquen propose de créer un Collectif pour le contrat d'union civile pour fédérer les énergies. Il en devient le président.

Enfin, dans cette première étape, il s'est trouvé finalement huit députés socialistes pour déposer la proposi-

1. Voir notamment, Patrick Nicoleau, *Droit de la famille*, Ellipses, Paris, 1995, p. 90 *sq.*

tion de loi sur le contrat d'union civile en novembre 1992. C'est, certes, plus que pour la précédente proposition, mais c'est encore peu. Cependant, les huit députés appartiennent à tous les courants du PS. À un moment où ce parti est particulièrement divisé, cela a son importance. Le Collectif demande aussitôt l'inscription de la proposition de loi à l'ordre du jour de la dernière session avant les élections législatives de mars 1993, mais se voit opposer une fin de non-recevoir par le premier ministre Pierre Bérégovoy.

Toutefois, la majorité accepte de faire voter quelques mesures dans le cadre d'un projet de loi portant diverses mesures d'ordre social. Le Collectif propose trois mesures au député socialiste Jean-Marie Le Guen qui suit l'affaire : l'extension du concubinage aux couples de même sexe, la reprise de bail en cas de disparition d'un cohabitant, la possibilité d'être ayant droit pour la Sécurité sociale. La première mesure n'est pas reprise, la deuxième sera votée mais annulée par le Conseil constitutionnel pour vice de procédure. Il ne restera donc que la possibilité pour une personne qui vit avec un assuré social et est à sa charge depuis un an de bénéficier de sa couverture sociale. Le décret d'application sera pris par Pierre Bérégovoy, juste avant de quitter Matignon et peu de temps avant son suicide.

En mars 1993, la gauche perd le pouvoir, et la droite ne manifeste aucune bonne volonté face au projet de contrat d'union civile. La législature de droite a d'abord rendu le débat très difficile. Seuls les trois députés du Mouvement des citoyens (Jean-Pierre Michel, Jean-Pierre Chevènement et Georges Sarre) redéposent en décembre 1993 la proposition de loi sur le contrat d'union civile. Aucune discussion ne semble possible avec la majorité de droite et les gouvernements d'Édouard Balladur et d'Alain Juppé. Si le PS réaffirme dans ses congrès son attachement à l'idée du contrat, la campagne pour l'élection présidentielle de 1995 ne permet pas de mettre le contrat à l'ordre du jour.

En novembre 1995, le Garde des Sceaux, Jacques Toubon, en réponse à une question de Jean-Pierre

Michel, déclare que l'ordre public s'oppose au contrat d'union civile. Cependant, dans cette période, la réflexion évolue dans les partis politiques : le parti communiste élabore une proposition de loi sur l'union de fait.

L'aspect social des choses commence à émerger : tout d'abord avec le rôle joué par les associations Aides de soutien aux malades du sida qui réfléchissent à un contrat de vie sociale. Leur élaboration sera jointe à celle du Collectif pour le contrat d'union civile pour donner naissance au contrat d'union sociale en septembre 1995. Les modalités juridiques du contrat sont précisées, notamment pour faire face aux lois Pasqua sur l'immigration. Sur l'idée de Jan-Paul Pouliquen, le Collectif pour le contrat d'union civile obtient de plusieurs centaines de maires de toutes couleurs politiques qu'ils délivrent des certificats de vie commune quel que soit le sexe des personnes concernées. Il semble que ce soit cet aspect social des choses qui ait finalement entraîné le PS à s'engager plus avant sur la voie du rapport préparé par Adeline Hazan, secrétaire nationale aux questions de société. Au début de l'année 1997, les députés socialistes déposent une proposition de loi sur le contrat d'union sociale, un peu plus restrictive que la première du nom, mais aussi plus précise sur quelques points.

Peu avant la dissolution d'avril 1997, les choses évoluent. Déjà, à droite, la députée RPR Roselyne Bachelot se considérait elle-même comme une militante du contrat. Dans le même sens, la discussion entre le Collectif pour le contrat d'union civile et sociale et l'Union nationale des associations familiales permet au moins de lever certaines ambiguïtés, de rassurer les uns et les autres et de faire évoluer le contenu notamment en ce qui concerne la protection des plus faibles au moment de la rupture de contrat.

L'hiver 1996-97, le Collectif pour le contrat d'union civile, qui s'est adressé à Jacques Chirac, commence une réflexion avec le conseiller juridique du président de la République, Olivier Échappé. Cela aboutit à une nouvelle prise de position du Garde des Sceaux, très différente de la première, à la veille de la dissolution : sans accepter tout à fait l'idée du contrat, Jacques Toubon, au Conseil des ministres du 2 avril 1997, annonce qu'il faut « modifier des pans entiers du code civil » pour tenir compte des couples hors mariage, dont les couples homosexuels. Il confie à une commission présidée par le professeur Hauser, de la faculté de droit de Bordeaux, le soin de faire des propositions. Dans la campagne pour les législatives de 1997, l'ensemble des partis de la gauche plurielle s'engage pour le contrat d'union sociale. La commission Hauser est confirmée dans sa tâche après la victoire de la gauche plurielle.

À l'occasion de l'Euro Gay Pride du 28 juin 1997, la nouvelle Garde des Sceaux, Élisabeth Guigou, rappelle l'engagement de la nouvelle majorité. La ministre de l'Aménagement du territoire et de l'Environnement, Dominique Voynet, participe à la manifestation et indique : « La priorité du gouvernement, c'est la lutte contre l'exclusion et le chômage. Le CUS, c'est un des éléments de la lutte contre l'exclusion qui frappe des centaines de milliers de personnes [1]. » Jack Lang commente le projet : « Nous sommes bien partis pour introduire dans le droit français un droit nouveau. Cela fait partie du renouveau de la démocratie française [2]. » Les députés du groupe Radical-Vert-Citoyen déposent une nouvelle proposition de loi intitulée contrat d'union civile et sociale ; les députés socialistes redéposent la proposition de contrat d'union sociale et les communistes leur proposition sur l'union de fait.

En septembre 1997, la discussion commence entre le Collectif pour le contrat d'union civile et sociale et la présidente de la commission des Lois à l'Assemblée nationale, Catherine Tasca, sur les modalités de l'examen par le Parlement des propositions de loi. Catherine Tasca précise : « Le contrat d'union civile et sociale n'est pas une solution de remplacement (au mariage)

1. In *Le Journal du Dimanche,* 29 juin 1997.
2. *Ibid.*

mais une novation juridique. Il me semble tout à fait normal, à l'aube du XXIe siècle, qu'on organise la vie des gens différemment autour de nouveaux cadres [1]. » Le Collectif insiste pour que la discussion parlementaire intervienne le plus vite possible. Il sait que c'est toujours en début de législature qu'on peut entreprendre les réformes importantes.

En octobre 1997, Catherine Tasca confie aux députés Jean-Pierre Michel (MDC) et Patrick Bloche (PS) le soin d'unifier les propositions. En février 1998, la commission Hauser propose de créer un pacte d'intérêt commun. Cette proposition rejoint sur de nombreux aspects les projets précédents. Elle permet d'en préciser certains points. Elle enrichit la réflexion des parlementaires. Mais son titre est assez déshumanisé et son contenu met exclusivement l'accent sur les aspects économiques. Le professeur Hauser propose d'inscrire le PIC dans le livre II du code civil, sur les biens. C'est aussi une façon de ne pas reconnaître assez le caractère humain des relations concernées. Le terme de pacte civil de solidarité est alors proposé par le Collectif, avec le sigle PACS qui évite les plaisanteries plutôt douteuses souvent entendues sur les sigles CUC et CUS. Les députés chargés de l'élaboration parlementaire, Jean-Pierre Michel et Patrick Bloche, reprennent ce nouveau nom et le gouvernement l'accepte.

Au printemps 1998, Irène Théry, sociologue de la famille, remet aux ministres de la Solidarité et de la Justice son rapport sur la famille. Il lui avait été demandé de ne pas traiter du pacs. Pourtant, elle intitule son rapport « Couple, filiation et parenté aujourd'hui ». Dans une note pour l'ex-Fondation Saint-Simon, précédemment publiée par *Esprit*, elle avait proposé un statut spécifique pour les couples homosexuels. Personne n'ayant repris cette idée, elle envisage dans son rapport la reconnaissance du concubinage homosexuel et l'extension des droits sociaux reconnus aux concubins. Tout cela n'a qu'un but : s'opposer au pacs. Irène Théry étant

1. *Libération*, 28 juin 1997.

classée à gauche, il s'agit de montrer que le refus du pacs n'est pas le seul apanage de la droite. Avec le pacs, le PIC et le concubinage, le risque est grand que la confusion s'installe et que la discussion parlementaire soit retardée, sinon renvoyée à jamais. Certains estiment que le pacs est dépassé et qu'il vaut mieux chercher une solution de rechange.

La détermination politique du petit groupe qui suit le dossier (parlementaires, Collectif pour le pacs, conseillers du gouvernement...) joue alors un rôle déterminant. Pour éviter l'enlisement et faire inscrire le pacs à l'ordre du jour de l'Assemblée nationale, les députés utilisent la nouvelle rédaction de l'article 48 de la Constitution, révisé en 1995. Elle permet aux parlementaires de pouvoir discuter, à raison d'une séance par mois, du texte de leur choix. En octobre 1998, c'est le tour du PS d'utiliser cette « niche ». Les députés savent bien qu'il faudra plus d'une séance pour discuter du pacs, mais ils espèrent ainsi, sinon forcer la main au gouvernement, du moins l'engager un peu plus. De fait, le gouvernement accepte qu'à la suite de la première séance de débat sur le pacs, prévue pour le 9 octobre, d'autres séances soient utilisées pour la suite de la discussion.

Le débat préparatoire, aussi bien à l'Assemblée qu'à l'extérieur, va porter essentiellement sur deux points : le lieu de signature du pacs, l'étendue des duos concernés. Sur le premier point, l'opposition d'un certain nombre (voire un nombre certain) de maires au pacs et à sa signature en mairie conduit à chercher une alternative. La Chancellerie propose le tribunal d'instance ; le Collectif pour le pacs, qui avait proposé initialement la mairie, administration de proximité, se rabat sur la préfecture après enquête auprès de ses adhérents. En première lecture, on envisagera le tribunal de grande instance pour revenir au tribunal d'instance. L'abandon de la signature en mairie est tout à fait regrettable parce qu'il refuse d'inscrire le pacs dans les procédures citoyennes quotidiennes. Le tribunal d'instance est peu connu des non-spécialistes du droit. D'un autre côté, le fait de voir des mairies ne pas mettre en œuvre le pacs aurait gravement nui à sa crédibilité et aux droits de ceux qui auraient voulu passer un pacs dans ces communes.

Les premiers projets de partenariat, puis de contrat d'union civile, s'adressaient aussi bien aux couples hétérosexuels non mariés qu'aux couples homosexuels et aux duos de solidarité. Si personne à part Irène Théry n'a proposé de statut spécifique pour les couples homosexuels, certains auraient préféré un contrat réservé aux couples, selon le principe « même toit, même lit ». Certains groupes homosexuels, en particulier, craignaient une « désexualisation » du projet et donc une moindre reconnaissance de l'homosexualité. Ce faisant, ils ne se rendaient pas compte que faire accepter par un duo de frère et sœur cohabitants, de deux veuves vivant ensemble pour éviter la solitude, d'avoir le même statut qu'un couple homosexuel, était, au contraire, un formidable moyen d'inscrire l'homosexualité dans la « normalité » sociale. Le débat s'est finalement cristallisé sur les fratries. Certains, dont le Collectif pour le pacs, voulaient les inclure dans le contrat au nom de son universalité ; d'autres cherchaient en prenant en compte les fratries à relativiser la place de l'homosexualité. Certains refusaient les fratries au nom du risque d'inceste. Ainsi les arguments les plus contradictoires ont-ils été utilisés. En première lecture, les fratries seront comprises dans le pacs mais retirées en deuxième lecture. Finalement, le Conseil constitutionnel décidera que le pacs s'adresse aux couples mais que le législateur n'a pas voulu « définir expressément le contenu de la vie commune [1] ».

Le 9 octobre, tout aurait dû bien commencer pour le débat sur le pacs, en séance plénière à l'Assemblée. La veille, le premier ministre a apporté son soutien public à la télévision. Les rapporteurs Jean-Pierre Michel et Patrick Bloche présentent la proposition ; la présidente

1. Conseil constitutionnel, décision 99-419 du 9 novembre 1999.

de la commission des Lois, Catherine Tasca, la soutient chaleureusement, de même que la Garde des Sceaux, Élisabeth Guigou. Mais l'insuffisante présence numérique des députés de la majorité conduit au vote d'une exception d'irrecevabilité par la droite, ce qui interrompt aussitôt la discussion.

Le projet risque alors d'être abandonné, renvoyé à beaucoup plus tard... Très vite, le gouvernement et la majorité réagissent. Si des réticences pouvaient exister sur le pacs, elles vont devenir secondaires par rapport à la nécessité de relever le défi politique après ce camouflet. De nouvelles propositions de loi sont déposées et inscrites à l'ordre du jour. L'opposition présente un millier d'amendements. La discussion du « pacs 2 » va durer près de soixante-dix heures, entre le 3 novembre et le 9 décembre 1998, dont plusieurs séances de nuit. Le débat est très dur voire violent. L'opposante Christine Boutin prend la parole pendant cinq heures et demie. Il y a d'autres interventions fleuves de la droite. Les arguments les plus vils sont utilisés : on évoque la signature du pacs auprès des services vétérinaires ! Seule la prise de parole de Roselyne Bachelot, unique députée de l'opposition à parler en faveur du pacs, se fait dans un silence recueilli. Après tout cela, la première lecture s'achève par un vote de 316 voix pour contre 249. L'année 1998 s'est terminée par une première avancée sur le pacs.

Le 31 janvier 1999, les « ultra-boutinistes », selon le mot utilisé pour désigner les opposants les plus résolus au pacs, organisent une manifestation de près de 100 000 personnes à Paris contre le pacs. La veille, au congrès du Collectif pour le pacs, tous les partis de la majorité avaient redit leur engagement pour le pacs. La discussion vient alors au Sénat. Lors des auditions publiques, la plupart des interventions sont très hostiles au pacs. Cependant, le rapporteur RPR, Patrice Gélard, propose une porte de sortie aux sénateurs qui s'opposent à la même époque à la parité : ne pas voter le pacs mais reconnaître le concubinage homosexuel. Il ne sera pas suivi par ses collègues, qui refusent toute évolution, mais cela permettra une sortie du débat par le haut.

En effet, quand le texte revient à l'Assemblée, le 20 avril 1999, les députés reprennent la proposition de reconnaissance du concubinage homosexuel et l'ajoutent à celle du pacs. Les fratries sont exclues du pacs, les délais pour les droits de succession sont supprimés et les devoirs des pacsés précisés. Dans plusieurs interventions (sur le Kosovo, ou sur la Corse), le premier ministre Lionel Jospin rappelle que, pour lui, le pacs fait partie des éléments de modernisation de la société française : à côté des 35 heures, de la lutte contre le chômage, des réformes comme le pacs ou la parité font partie de « cette œuvre de réformes qui sera poursuivie [1] ».

En deuxième lecture, le Sénat refuse purement et simplement de discuter le texte, ce qui, en fait, accélère la procédure. En mai 1999, la commission mixte paritaire chargée de trouver un compromis entre députés et sénateurs ne trouve pas d'accord, et la troisième lecture à l'Assemblée nationale a lieu le 8 juin. Le 30 juin, le Sénat renouvelle son refus et, faisant traîner le débat, empêche l'Assemblée nationale d'adopter définitivement le texte dans les dernières heures de la session parlementaire. C'est finalement le 13 octobre 1999 qu'intervient le vote final à l'Assemblée. Toute la gauche vote pour, ainsi que Roselyne Bachelot. Alain Madelin et Philippe Séguin s'abstiennent tandis que le reste de la droite vote contre. Le texte est alors soumis au Conseil constitutionnel par des parlementaires de l'opposition qui lui reprochent pêle-mêle d'avoir été voté selon une procédure irrégulière, d'avoir méconnu l'étendue de la compétence du législateur, d'avoir violé le principe d'égalité, de porter atteinte au mariage républicain, à la dignité de la personne humaine, au respect de la vie privée, aux principes fondamentaux du droit des contrats, au droit des concubins et au droit de pro-

1. Assemblée nationale, débat de censure du 25 mai 1999, in *Libération*, 26 mai 1999.

priété, et enfin d'être en contradiction avec le Préambule de la Constitution de 1946 (incorporé dans notre Constitution de 1958) quant à la protection de l'enfant et de la famille !

C'est Simone Veil qui prépare le rapport préalable à la décision du Conseil constitutionnel. Le 9 novembre 1999, le Conseil constitutionnel rejette tous les griefs retenus contre le pacs, émet un certain nombre de remarques interprétatives et valide l'ensemble de la loi.

Dès le 10 novembre, Élisabeth Guigou envoie une circulaire aux tribunaux d'instance où seront signés les pacs. La loi sur le pacs est signée le 15 novembre et publiée au *Journal officiel* du 16 novembre (voir le texte complet p. 259). Les décrets d'application sont élaborés ensuite. Les premières signatures de pacs ont lieu dès la fin novembre 1999.

Au total, presque une décennie de débats dans la société et une année de discussions parlementaires auront été nécessaires pour faire adopter le pacs. Sans la volonté d'aboutir de quelques-uns, sans le soutien de l'opinion, sans la lente construction d'une détermination politique dans la majorité, le projet ne serait pas arrivé à terme.

Parce qu'il est au croisement de l'intime, du juridique et du politique, le pacs a interrogé chacun de manière tout à fait spécifique. Chaque personne a toujours tendance à réagir par rapport à elle-même et à ses proches ; c'est particulièrement vrai pour un sujet de ce genre. Il était d'autant plus difficile de mobiliser des forces pour le pacs. On le sait, dans la société française, les grandes mobilisations se sont surtout faites contre tel ou tel projet. Dès lors, la difficulté était grande, surtout si l'on tient compte du fait que le pacs était un projet complexe. Son ouverture à des catégories diverses a été à la fois un avantage et un inconvénient.

Mais finalement, comme le montre la chronologie ci-après, malgré toutes les hésitations, les revers et les rebondissements, le processus a pu aller à son terme. Le pacs est une novation, tant par son contenu que par son mode d'élaboration. Cette novation n'est pas seulement importante en elle-même. Elle s'est faite par une action du mouvement social relayée par les parlementaires, à la différence du modèle d'élaboration de la Ve République qui privilégie les experts et l'exécutif. Elle ouvre des portes vers des débats nouveaux. On peut d'ailleurs considérer que ce que l'on appelle les « questions de société » prendra de plus en plus d'importance dans le champ politique.

En adoptant le pacs, malgré l'âpreté des débats, les invectives et les anathèmes, la société française a fait un pas en avant non négligeable dans la reconnaissance politique, juridique et sociale de la diversité des modes de vie.

Chronologie

20-22 septembre 1792 : Loi créant l'état civil municipal et le mariage civil, et loi instituant le divorce. La procédure de divorce est relativement simple, et le divorce est possible à la demande d'un seul époux alléguant l'incompatibilité d'humeur, ou par consentement mutuel. Cette souplesse est alors perçue comme un moyen de délivrer les femmes du despotisme marital.

2 novembre 1793 (12 brumaire an II) : Loi assimilant l'enfant naturel à l'enfant légitime, qui le met à égalité en particulier dans le partage des successions. Cette disposition sera abrogée par le code civil napoléonien et ne sera rétablie qu'en 1972.

XIXe siècle

21 mars 1804 (30 ventôse an XII) : Promulgation du « Code civil des Français ». L'état civil, le mariage civil et le divorce sont maintenus, mais le divorce est étroitement limité. L'autorité du mari et père sur sa femme et ses enfants revient en force sous l'expression de « puissance paternelle ».

8 mai 1816 : Le roi Louis XVIII promulgue la loi abolissant le divorce.

Le droit des couples et de la famille reste alors inchangé jusqu'à la chute du Second Empire en 1870. La jurisprudence évolue cependant lentement, pour reconnaître à la femme mariée une autonomie juridique toujours très réduite. Le mariage organisé par le code civil est la seule forme d'union connue par le droit : le concubinage n'a d'existence juridique qu'à travers une allusion marginale au mari adultère, qui entretiendrait sa concubine dans la maison commune aux époux. La jurisprudence annule les libéralités qui rémunéreraient les « faveurs illicites d'une concubine », mais en pratique la plupart des donations entre concubins échappent à cette condamnation.

27 juillet 1884 : Adoption de la loi Naquet rétablissant le divorce, votée par la gauche avec l'appui du centre gauche. Le divorce est la sanction d'une faute de l'un des époux et ne peut être obtenu que dans trois cas : excès, sévices et injures graves, condamnation criminelle du conjoint, adultère. Le divorce par consentement mutuel est exclu.

25 mars 1896 : Les enfants naturels sont reconnus au rang d'héritiers légitimes de leur père et mère ; leur part successorale est cependant inférieure à celle des enfants légitimes, de manière à bien marquer la différence entre mariage et union libre.

xxe siècle

13 juillet 1907 : La loi accorde à toutes les femmes mariées qui travaillent, quel que soit leur régime matrimonial, la libre disposition de leur salaire, des économies qui en proviennent et des biens achetés avec ces économies.

16 novembre 1912 : Le « concubinage notoire » devient un des cas de recevabilité de l'action en recherche de paternité.

1914-1918 : La Première Guerre mondiale provoque un mouvement de reconnaissance juridique du concubinage, par l'attention portée aux compagnes non mariées des soldats mobilisés. Ainsi les concubines des soldats sont bénéficiaires des secours accordés par l'État aux familles de militaires et des pécules versés aux ayants droit de militaires décédés.

9 mars 1918 : La loi maintient dans les lieux les personnes vivant habituellement avec le locataire mobilisé.

31 juillet 1920 : Loi réprimant l'avortement et la propagande anticonceptionnelle.

26 novembre 1927 : Un tribunal indemnise la concubine d'un homme victime d'un accident, pour le préjudice matériel que lui cause cette disparition. Cette reconnaissance du concubinage hétérosexuel se heurtera à l'opposition de la Cour de cassation en 1937.

30 octobre 1935 : Le père de famille perd le droit de faire incarcérer ses enfants récalcitrants.

18 février 1938 : La loi supprime le devoir d'obéissance de la femme au mari, et lui confère une plus large autonomie juridique.

2 avril 1941 : Loi punissant d'emprisonnement toute démarche en vue d'un divorce et la publicité pour celui-ci.

6 août 1942 : Est puni d'amende et d'emprisonnement « quiconque commet un acte impudique ou contre nature avec un mineur du même sexe ». Cette loi promulguée par le maréchal Pétain est confirmée après la guerre par le gouvernement du général de Gaulle. C'est la première apparition dans le code pénal (article 331 alinéa 3) d'une différence de traitement entre actes homosexuels et actes hétérosexuels, qui porte sur l'âge minimum des acteurs.

30 juin 1960 : Une loi autorise le gouvernement à prendre toutes les mesures nécessaires pour lutter contre certains fléaux sociaux, comme l'alcoolisme ou le proxénétisme. Un amendement du député Mirguet a inclus l'homosexualité dans la liste de ces fléaux sociaux.

25 novembre 1960 : Les peines encourues pour outrage public à la pudeur sont aggravées lorsqu'il consiste en « un acte contre nature avec un individu de même sexe » (alinéa 2 de l'article 330 du code pénal).

28 décembre 1967 : Loi Neuwirth autorisant la vente de moyens contraceptifs.

27 février 1970 : Un arrêt de la Cour de cassation admet l'indemnisation du dommage matériel subi par la concubine de la victime défunte.

3 janvier 1972 : La loi sur les filiations réalise l'égalité entre filiation légitime et filiation naturelle.

28 novembre 1974 : Loi Veil sur l'interruption volontaire de grossesse.

24 août 1974 : Le pasteur Doucé célèbre au presbytère de l'Église évangélique baptiste de Lens sa première bénédiction d'amour et d'amitié pour deux homosexuels. Il en réalisera plus de 130 avant son assassinat en 1990 (dont deux tiers pour des couples de femmes).

11 juillet 1975 : La loi connaît désormais le divorce par consentement mutuel, le divorce pour rupture de la vie commune, et le divorce pour faute.

2 janvier 1978 : La loi Veil généralisant la Sécurité sociale précise dans son article 13 que la personne qui vit maritalement avec un assuré social et qui se trouve à sa charge effective totale et permanente a la qualité d'ayant droit de l'assuré. Cette extension concerne donc le concubin de sexe opposé.

1980

19 janvier 1980 : La loi de finances modifie le régime de la tontine dans un sens restrictif. L'achat en tontine est une acquisition en commun par plusieurs personnes (qui n'ont pas besoin d'être mariées ou parentes) et qui donne la propriété intégrale des biens acquis en tontine aux survivants.

23 décembre 1980 : Abrogation de l'alinéa 2 de l'article 330 du code pénal : il n'y a plus de différence de traitement entre actes homosexuels et actes hétérosexuels, dans la sanction d'un outrage public à la pudeur.

1981

4 avril 1981 : Le CUARH (Comité d'urgence antirépression homosexuelle) organise une marche nationale qui rassemble dix mille personnes pour demander la suppression de l'article du code pénal punissant les relations homosexuelles avec une personne mineure. François Mitterrand prend position pour cette abrogation, entre les deux tours de l'élection présidentielle qu'il remporte.

22 octobre 1981 : Dépôt, par le groupe parlementaire socialiste, majoritaire à l'Assemblée nationale, d'une proposition de loi tendant à abroger l'article discriminatoire.

1982

Le maire de Saint-Lumine-de-Clisson (Loire-Atlantique) délivre un certificat de concubinage à Nadia L. et Annie D., un couple lesbien. Nadia, jeune mère divorcée, avait obtenu la garde de ses trois enfants (une fille et deux garçons entre 13 et 9 ans), l'enquête sociale n'ayant pu mettre en évidence « les risques éventuels que l'homosexualité de la mère peut faire courir aux enfants ». Nadia demande à bénéficier de la Sécurité sociale de sa compagne mais se voit opposer un refus malgré le certificat de concubinage. Dans le même temps, la caisse des allocations familiales diminue le montant des allocations attribuées à Nadia, en considérant que ce couple constitue une famille et que les ressources d'Annie doivent être comptabilisées dans l'appréciation des droits. Nadia entame une procédure judiciaire à l'encontre de la Sécurité sociale.

22 juin 1982 : La loi Quilliot relative aux droits et obligations des locataires et des bailleurs admet la reprise de bail par le concubin (hétérosexuel) et supprime l'obligation d'habiter « en bon père de famille ».

4 août 1982 : L'alinéa de l'article 331 du code pénal punissant les relations homosexuelles avec une personne mineure est abrogé, à la suite d'un difficile débat parlementaire. L'abrogation est défendue par Gisèle Halimi, rapporteur pour la commission des Lois, et par le garde des Sceaux Robert Badinter.

1983

TF1 consacre l'émission « Droit de réponse » au thème de la vie en couple, et parmi les couples invités se trouvent des couples homosexuels et lesbiens. C'est la première fois que la télévision aborde le sujet de l'homosexualité sous l'aspect du couple.

Mars 1983 : Alain Leroi publie un article sur les « gais concubins » dans *Homophonies*. Avec le juriste Vincent Legret, ces deux membres de l'association Rencontre des homosexualités en Île-de-France (RHIF) sont les premiers militants homosexuels à réclamer une reconnaissance du lien homosexuel.

13 juillet 1983 : L'obligation d'être de « bonne moralité » disparaît du code de la fonction publique.

1984

19 janvier 1984 : Le tribunal de Nantes déboute Nadia L. de sa plainte à l'encontre de la Sécurité sociale, et déclare notamment que l'expression « vivre maritalement » ne peut s'appliquer qu'à un couple formé d'un homme et d'une femme en vue de la création d'une famille.

24 janvier 1984 : Evelyne Sullerot présente un rapport sur le statut matrimonial au Conseil économique et social, qui l'approuve. Lorsque le représentant écologiste défend deux amendements pour la reconnaissance du couple homosexuel, le rejet du Conseil est unanime.

7 juin 1984 : Le tribunal administratif de Nantes reconnaît à un maire le droit de refuser de délivrer un certificat de concubinage réclamé par deux hommes (Alain G. et François M.).

10 juillet 1984 : Une enquête de l'INSEE, réalisée après le recensement de 1982, établit que 800 000 couples cohabitaient hors mariage en 1982 contre 445 000 en 1975.

14 novembre 1984 : Les Prud'hommes de Paris donnent raison à Yves S., steward d'Air France, au Comité d'urgence anti-répression homosexuelle et à leur avocat Grégoire Herpin ; le refus d'Air France de consentir des « billets R » payés 10 % de leur valeur au bénéfice du concubin d'Yves s'assimile à une discrimination.

1985

25 juillet 1985 : L'Assemblée nationale adopte un amendement de Jean-Pierre Michel étendant le champ des lois antiracistes aux discriminations en raison des « mœurs ».

14 octobre 1985 : La cour d'appel de Paris revient sur l'attitude des Prud'hommes dans l'affaire du steward d'Air France : « Le concubinage est une forme non officialisée de mariage entre deux individus de sexes différents qui vivent en commun comme mari et femme. »

4 décembre 1985 : La cour d'appel de Rennes confirme la décision du tribunal de Nantes dans l'affaire opposant Nadia L. et la Sécurité sociale, et précise que la vie commune et stable de deux personnes du même sexe se déclarant en état de concubinage ne constitue pas la vie maritale.

1986

Le Parlement danois remplace le taux d'imposition très élevé s'appliquant en cas d'héritage aux personnes non mariées non parentes, et notamment aux couples homosexuels, par le taux beaucoup plus avantageux jusque-là réservé aux « ménages » hétérosexuels.

1987

Juin 1987 : Parution d'un ouvrage collectif publié sous la direction du pasteur Doucé et intitulé *Couples homosexuels et lesbiens, juridique et quotidien.* La partie juridique rédigée par Vincent Legret traite exhaustivement des situations où le couple homosexuel se trouve confronté au droit.

22 juillet 1987 : La loi permet l'exercice en commun de l'autorité parentale par des parents divorcés, célibataires ou concubins.

1988

29 mai-1er juin 1988 : 84e congrès des notaires à La Baule auquel 1 200 d'entre eux participent. Les notaires proposent des contrats de concubinage pour les couples quelle que soit leur sexualité, mais ne souhaitent en aucun cas des lois civiles réglementant le concubinage.

1989

26 mai 1989 : Adoption au Danemark de la loi sur le partenariat (votée par 71 voix de gauche et libérales contre 47 et 7 abstentions) s'appliquant à deux personnes de même sexe. Il s'agit de la première loi en Europe créant un partenariat homosexuel. Il entraîne les mêmes effets légaux que la conclusion d'un mariage, à l'exception de l'adoption et de la possibilité de célébrer l'union à l'Église. L'un des membres du couple doit être citoyen danois, mais un conjoint étranger peut réclamer la nationalité danoise après trois ans de partenariat.

11 juillet 1989 : La Cour de cassation rend deux arrêts concernant Nadia L. et Annie D., et Yves et Serge. Ceux-ci ne peuvent bénéficier du droit à la Sécurité sociale ou aux voyages à titre de conjoints car le concubinage ne peut s'entendre que pour « deux personnes ayant décidé de vivre comme des époux, sans pour autant s'unir par le mariage, ce qui ne peut concerner qu'un couple constitué d'un homme et d'une femme ».

Septembre 1989 : L'association « Les Gais pour les libertés » organise une journée sur le partenariat.

1990

Mai 1990 : Le sénateur socialiste Jean-Luc Mélenchon dépose une proposition de loi sur le partenariat civil qui s'adresse indifféremment aux concubins hétérosexuels, aux couples homosexuels et aux fratries (n° 422 – 25 juin 1990). Cette proposition s'inspire du projet défendu par l'association « Les Gais pour les libertés ».

22 juin 1990 : Débat à l'Assemblée nationale, organisé à l'initiative des Gais pour les libertés, sur le partenariat civil autour de Dominique Charvet (directeur de l'Agence française de lutte contre le sida), Élisabeth Badinter, Jean-Luc Mélenchon, sénateur de l'Essonne, et Jean-Michel Belorgey, député PS de l'Allier et président de la commission des Affaires culturelles, sociales et familiales de l'Assemblée nationale.

6 novembre 1990 : À San Francisco, la Domestic Partnership Law est adoptée par référendum (54 % de oui) ; elle permet aux couples gays et hétérosexuels non mariés de faire enregistrer leur partenariat dans la cité et de s'engager à une mutuelle assistance.

Novembre 1990 : Le député socialiste (chevènementiste) Jean-Yves Autexier, invité des Étudiant(e)s gai(e)s (GAGE), indique que les élus doivent comprendre que la demande de reconnaissance des couples gays « n'est pas une foucade, mais un problème concret ».

1991

Février 1991 : La Domestic Partnership Law entre en vigueur à San Francisco.

Juillet 1991 : Le gouvernement australien reconnaît la notion de relation d'« interdépendance émotionnelle » entre deux personnes sans lien familial pour autoriser l'immigration.

Septembre 1991 : Jan-Paul Pouliquen prend contact avec Jean-Yves Autexier pour élaborer un statut pour les concubinages homosexuels et hétérosexuels et les cohabitations. Un groupe de travail réunissant Jan-Paul Pouliquen, Gérard Bach-Ignasse, Pierre Dutey, Vincent Legret et Françoise Renaud est constitué.

16 octobre 1991 : L'association Gai-Multiplex organise une réunion de concertation entre associations homosexuelles et lesbiennes. Le terme de contrat d'union civile (CUC) est retenu.

1992

Création du Collectif pour le contrat d'union civile. Le Mouvement français pour le planning familial, le mouvement écologique « les Verts » et des personnalités comme Élisabeth Badinter apportent immédiatement leur soutien. Une pétition est lancée qui recueillera plusieurs milliers de signatures, et un premier contact est pris avec L. Joinet, conseiller pour la Justice du premier ministre.

17 avril 1992 : Premier grand article sur le contrat d'union civile dans le journal *Le Monde* : « La création d'un contrat d'union civile est à l'étude. » Plus de cent articles de presse suivront, principalement dans la presse régionale.

15 mai 1992 : Un sondage Ipsos-*Gai Pied* révèle que 32 % des Français sont très favorables et 40 % assez favorables « au contrat d'union civile, c'est-à-dire à la loi qui donnerait à tous ceux qui vivent ensemble en dehors du mariage, quel que soit leur sexe, les mêmes droits et imposerait les mêmes devoirs ».

25 novembre 1991 : Faute d'un accord de l'ensemble du groupe socialiste, huit députés socialistes de toutes tendances (J.-Y. Autexier, J.-P. Michel, J.-M. Belorgey, H. Bouchardeau, A. Labarrère, J.-M. Le Guen, Y. Vidal et J.-P. Worms) déposent la proposition de loi (n° 3066) tendant à créer un contrat d'union civile.

23 décembre 1991 : Dans le cadre de la discussion du projet de loi portant diverses mesures d'ordre social, malgré l'action déterminée du Collectif pour le contrat d'union civile, relayée à l'Assemblée par J.-M. Le Guen, deux articles seulement du contrat d'union civile sont votés : le premier permet la reprise de bail en cas de disparition d'un des deux cohabitants. Le second précise qu'une personne qui vit avec un assuré social et est à sa charge peut bénéficier de sa couverture sociale (loi DMOS du 27 janvier 1993). Le premier article sera annulé par le Conseil constitutionnel car voté selon une procédure irrégulière.

1993

25 mars 1993 : Avant de quitter Matignon, P. Bérégovoy signe le décret d'application concernant la Sécurité sociale préparé par son conseiller Christophe Chantepy. Pour être ayant droit de la Sécurité sociale, il faut avoir 12 mois de vie commune attestée par une déclaration sur l'honneur.

1er août 1993 : Entrée en vigueur en Norvège de la nouvelle loi sur l'« union enregistrée » entre deux personnes de même sexe.

23 octobre 1993 : Trois députés belges présentent une proposition de loi créant un contrat de vie commune. La démarche est très proche de celle du contrat d'union civile en France.

9 décembre 1993 : Les députés du Mouvement des citoyens (J.-P. Chevènement, J.-P. Michel, G. Sarre) redéposent la proposition de loi sur le contrat d'union civile (n° 880 – 21 décembre 1993).

1994

Malgré les demandes du Collectif pour le contrat d'union civile, le gouvernement d'Édouard Balladur ne veut pas reprendre la discussion sur ce statut des concubinages et des cohabitations. La rencontre avec le ministre du Logement Hervé de Charette ne permet pas d'aboutir au vote d'une mesure d'urgence sur la reprise de bail.

8 février 1994 : Sur le rapport de Mme Roth, une résolution du Parlement européen recommande d'accorder un statut juridique au couple homosexuel.

Février 1994 : La revue *Humœurs* publie en numéro spécial le livre de J.-P. Pouliquen, *Dossier contrat d'union civile ou la volonté d'aboutir.*

Août 1994 : Par 171 voix contre 141 (gauche contre droite), le Parlement suédois adopte la loi sur le partenariat enregistré, assimilé au mariage civil, sauf pour la garde conjointe d'enfants, l'adoption et l'insémination artificielle.

1995

Janvier 1995 : En Espagne, mise en application de la loi permettant le transfert de bail en faveur du concubin de même sexe.

Mars 1995 : Le Collectif pour le contrat d'union civile envoie une lettre ouverte aux candidats à l'élection présidentielle en leur demandant de prendre position. Jean-Marie Le Pen et Phillipe de Villiers vitupèrent sur la dégradation des mœurs. Jacques Chirac ne répond pas. Édouard Balladur dit qu'il a conscience des problèmes mais ne s'engage à rien. Lionel Jospin rappelle la position de principe favorable du congrès du PS, mais ne va pas plus loin. Robert Hue analyse en profondeur les évolutions de la société mais ne dit rien de concret sur le sujet. Dominique Voynet soutient le CUC.

Avril 1995 : *Illico* publie les résultats d'un sondage BVA : pour 63 % des Français, les homosexuels sont des individus comme les autres. 72 % pensent qu'ils doivent bénéficier des droits de succession entre partenaires de vie commune, 50 % qu'ils doivent avoir le droit de s'unir civilement.

Mai 1995 : La fédération Aides, association de lutte contre le sida et de soutien aux malades, prépare un avant-projet de contrat de vie sociale.

13 septembre 1995 : 30 maires du Mouvement des citoyens, dont celui de Saint-Nazaire, Joël Batteux, annoncent qu'ils délivreront des certificats de vie commune à tous les couples quel que soit leur sexe. Suivront de nombreuses mairies PS et PC ou écologistes, mais aussi des maires UDF comme G. de Robien et D. Baudis. Ce n'est en revanche pas le cas de J. Tibéri à Paris, ni de R. Barre à Lyon, ni de J.-C. Gaudin à Marseille.

29 septembre 1995 : Le Collectif pour le contrat d'union civile et Aides fédération nationale se mettent d'accord sur un projet commun baptisé « contrat d'union sociale », pour la reconnaissance sociale des couples non mariés y compris ceux de même sexe.

Octobre 1995 : La majorité de droite adopte un amendement supprimant pour les concubins le bénéfice de la demi-part supplémentaire pour enfant à charge.

29 novembre 1995 : À une question sur le CUC du député J.-P. Michel (MDC), posée à l'occasion de la Journée internationale contre le sida, le garde des Sceaux J. Toubon répond que « l'ordre public s'y oppose ».

1996

1er mars 1996 : Dans *Le Monde*, P. Bourdieu, J. Derrida, D. Eribon, M. Perrot, P. Veyne et P. Vidal-Naquet signent un appel « pour une reconnaissance légale du couple homosexuel ».

Avril 1996 : La seconde chambre du Parlement des Pays-Bas demande au gouvernement de préparer un projet de loi autorisant le mariage des couples homosexuels. Dans un grand nombre de municipalités hollandaises, les couples homosexuels ont la possibilité de s'enregistrer comme vivant sous un même toit.

Printemps 1996 : Adeline Hazan, « secrétaire nationale aux problèmes de société » du parti socialiste, et

Christophe Clergeau, membre du bureau national du PS, animent un groupe de travail consacré au contrat d'union sociale. Leur réflexion aboutit le 30 mai 1996 à la publication d'un rapport qui prend nettement position en faveur du texte présenté par le Collectif pour le CUC et l'association Aides. Ce rapport procède à une analyse détaillée de ce texte, de ses limites, des améliorations possibles, des solutions alternatives, y compris des risques et de l'intérêt politique à le soutenir. Pour s'engager en faveur du contrat d'union sociale (CUS), il est proposé aux socialistes une stratégie d'ensemble qui comprend la préparation et le dépôt de propositions de lois à l'Assemblée nationale et au Sénat, « en sachant qu'il est possible de le faire aboutir en cas de retour au pouvoir ».

2 mai 1996 : Le Collectif pour le contrat d'union civile publie dans *Libération* une liste de 243 maires qui acceptent de délivrer des certificats de vie commune quel que soit le sexe des personnes concernées.

7 mai 1996 : Le tribunal d'instance du XIe arrondissement de Paris refuse le transfert de bail au survivant d'un couple homosexuel dont l'un est mort du sida. La mobilisation permettra de faire changer l'attitude du propriétaire, la société Bis.

8 mai 1996 : L'Afrique du Sud, l'ancien pays de l'apartheid, adopte sa nouvelle Constitution. Elle contient une déclaration des droits prohibant toute discrimination non seulement sur la race ou le sexe, mais aussi sur l'orientation sexuelle.

9 mai 1996 : La chambre basse du Parlement canadien adopte un amendement à la charte fédérale des droits de la personne qui place l'orientation sexuelle parmi les motifs de non-discrimination.

9 mai 1996 : *Le Nouvel Observateur* publie un manifeste de 234 personnalités pour une reconnaissance légale du couple homosexuel.

12 mai 1996 : Un communiqué du Collectif pour le contrat d'union civile annonce que la SNCF accepte de délivrer des cartes couple à deux personnes vivant sous le même toit quel que soit leur sexe.

Mai 1996 : Une délégation constituée de trois juristes de l'association Aides est reçue par M. Matagrin, conseiller du ministre de la Justice Jacques Toubon.

Juin 1996 : Dans la majorité de droite, Alain Madelin (UDF) et Roselyne Bachelot (RPR) acceptent que la discussion soit ouverte sur le statut des concubinages.

18 juin 1996 : Une délégation du Collectif est reçue par M. Matagrin, conseiller du ministre de la Justice Jacques Toubon.

19 juin 1996 : À l'initiative des sénateurs F. Sérusclat et M. Ben Guiga, les sénateurs socialistes déposent une proposition de loi (n° 454) tendant à étendre l'ouverture du droit au transfert de bail en cas de décès ou d'abandon de domicile du titulaire à toute personne vivant depuis un an avec le titulaire du bail.

20 juin 1996 : Sur le rapport d'A. Hazan, le bureau national du parti socialiste adopte le principe du contrat d'union sociale, « forme d'union universelle qui a pour objet de donner un cadre juridique à tous ceux qui souhaitent unir leurs destins autour d'un projet commun de vie, et notamment aux gais et lesbiennes ». Ce vote marque un moment décisif de l'engagement du PS, alors dans l'opposition, en faveur du CUS.

21 juin 1996 : *Le Monde* publie les résultats d'un sondage IFOP : 67 % des Français (contre 54 % en 1986) pensent que l'homosexualité est une manière comme une autre de vivre sa sexualité. Au sujet des couples homosexuels, 77 % des sondés pensent qu'ils devraient avoir le droit d'hériter l'un de l'autre, 60 % bénéficier des mêmes droits sur les transports, 59 % bénéficier des mêmes avantages que les couples pour les impôts, 48 % le droit de se marier. 56 % approuvent les maires qui ont décidé d'accorder aux couples homosexuels un certificat de concubinage.

22 juin 1996 : La Lesbian and Gay Pride, manifestation annuelle d'affirmation des homosexuels et des lesbiennes, réunit plus de 100 000 personnes autour de la revendication de contrat d'union sociale, « un projet à caractère universel qui s'inscrit dans la tradition française d'intégration ». Le même jour, *Le Monde* publie un appel en faveur du CUS, soulignant que « renforcer les droits des couples hors mariage contribue au renforcement de la citoyenneté », signé par M. Aubry, F. Bredin, M. Charrier, Ch. Fiterman, É. Guigou, A. Hazan, J.-N. Jeanneney, B. Kouchner, P. Mauroy, J.-P. Michel, J. Ralite, M. Rocard, C. Trautmann, D. Vaillant, D. Voynet.

27 juin 1996 : Jacques Toubon, ministre de la Justice, annonce qu'il va mettre en chantier un certain nombre de réformes de société, notamment en ce qui concerne la vie de couple en dehors du mariage.

29 et 30 juin 1996 : La Convention nationale du PS, intitulée « Les acteurs de la démocratie », confirme l'engagement du PS en faveur du CUS.

3 juillet 1996 : Laurent Fabius et les membres du groupe socialiste à l'Assemblée nationale annoncent qu'ils déposeront à la rentrée une proposition de loi sur le contrat d'union sociale afin « d'offrir de la manière la plus pragmatique possible aux personnes non mariées et liées par un projet de vie commune, des droits organisés dans un statut nouveau sans discrimination ». Le premier ministre Alain Juppé déclare que les propositions du parti socialiste en matière de choix de société sont « démagogiques ».

Septembre 1996 : Roselyne Bachelot, députée (RPR) du Maine-et-Loire, se déclare clairement favorable au CUS, dans le journal *Illico*. Alain Madclin (UDF) annonce sur France 2 qu'il adopte une « position ouverte » à l'égard du projet.

1997

11 janvier 1997 : Congrès du Collectif pour le contrat d'union civile et sociale, organisé au Sénat. Parmi les intervenants favorables au contrat, les partis politiques sont représentés par J.-P. Michel (MDC), Roselyne Bachelot (RPR), M.-G. Buffet (PCF), Adeline Hazan (PS) et Dominique Voynet (les Verts).

3 février 1997 : Une délégation du Collectif est reçue par M. Échappé, conseiller de Jacques Chirac, président de la République.

23 janvier 1997 : Le groupe socialiste dépose la proposition de loi relative au contrat d'union sociale (n° 3315).

Février 1997 : Le groupe communiste présente une proposition de loi qui vise à créer une structure juridique pour les couples non mariés.

19 mars 1997 : Le groupe des sénateurs socialistes dépose une proposition de loi (n° 274) similaire à celle déposée par les députés socialistes en janvier.

Mars 1997 : Jean-Claude Gayssot, député (PCF) de Seine-Saint-Denis, déclare que les communistes sont favorables au CUS, au cours d'un entretien publié par le journal *Ex aequo*.

2 avril 1997 : Jacques Toubon, ministre de la Justice, présente lors du Conseil des ministres une communication sur la modernisation du droit civil. « Des évolutions sociales profondes ont rendu nécessaire l'actualisation ou la rénovation de pans entiers de notre droit civil », déclare-t-il, en évoquant la situation de ceux « qui entendent se placer en dehors du modèle familial consacré par nos textes ». Il indique que des études sont engagées sur la possibilité « d'unifier, dans des cas précis comme la transmission du bail, les règles applicables aux couples ».

Avril 1997 : Daniel Borillo et Marianne Schulz présentent les propositions de Aides fédération nationale dans un rapport intitulé « Vers la reconnaissance des couples de même sexe ». Ces propositions portent sur une redéfinition du concubinage, des amendements au projet de CUS, et la revendication de l'ouverture du mariage aux homosexuels. Le texte du CUS, auquel Aides fédération nationale avait contribué, est désormais critiqué en ces termes : « En donnant quasiment des droits identiques à ceux du mariage, le CUS risquerait de remettre en cause l'unité du mariage. [...] La philosophie générale du texte se révèle ambiguë, la dimension affective et sexuelle de la relation étant insuffisamment prise en compte. » En conclusion, Aides fédération nationale adopte trois positions : la revendication de la qualité de concubins pour les couples homosexuels, le soutien au CUS, et l'ouverture du mariage aux homosexuels.

1er juin 1997 : Deuxième tour des élections législatives à la suite de la dissolution de l'Assemblée nationale prononcée par Jacques Chirac. Toutes les composantes de la nouvelle majorité de gauche se sont prononcées en faveur d'un statut pour les couples hors mariage.

23 juin 1997 : Élisabeth Guigou, ministre de la Justice, déclare au journal *Le Monde* que le gouvernement respectera son engagement de créer un contrat d'union sociale. « Les homosexuels ont posé le problème, mais ils ne sont pas les seuls concernés. [...] On ne peut pas résumer l'union entre deux personnes à la seule institution du mariage. »

24 juin 1997 : J.-P. Michel et des députés du groupe RCV (Radicaux, MDC et Verts) présentent une proposition de loi visant à créer un Contrat d'union civile et sociale (proposition n° 88 – 23 juillet 1997).

28 juin 1997 : Catherine Tasca, présidente de la commission des Lois de l'Assemblée nationale, déclare au journal *Libération* : « Le CUCS n'est pas une solution de remplacement [au mariage] mais une novation juridique. [...] Nous veillerons à ce que la commission des Lois traite le champ d'application du CUCS de la manière la plus ouverte qui soit. »

29 juin 1997 : Au lendemain de l'Euro Lesbian and Gay Pride, Dominique Voynet, ministre de l'Aménagement du territoire et de l'Environnement, déclare au *Journal du Dimanche* : « La priorité du gouvernement, c'est la lutte contre l'exclusion et contre le chômage. Le CUS, c'est un des éléments de la lutte contre l'exclusion qui frappe des centaines de milliers de personnes. »

Juillet 1997 : L'ensemble des parlementaires socialistes dépose une proposition de loi relative au Contrat d'union sociale (n° 94 – 23 juillet 1997).

Juillet 1997 : La presse commence à se faire l'écho d'oppositions violentes à l'égard du CUS. Le CUS est accusé de menacer l'institution du mariage, de détruire la famille, voire de mener l'ensemble de la société à la catastrophe. La question de la filiation pour les couples homosexuels (adoption ou procréation médicalement assistée) est souvent évoquée pour condamner le CUS. « Le projet de CUS vide de sens un peu plus la société et la loi » (tribune de Guy Coq dans *Libération*, 1er juillet 1997). « Ce qu'exigent les militants d'aujourd'hui, [...] ce n'est pas la liberté mais la sécurité ; pas le risque de leurs choix, mais l'irresponsabilité » (tribune d'Eric Zemmour dans *Marianne*, 7 juillet 1997).

21 juillet 1997 : Martine Aubry, ministre de l'Emploi et de la Solidarité, confirme dans un courrier adressé à Jan-Paul Pouliquen que le CUCS, selon sa conception, s'adresserait à la fois aux couples homosexuels, hétérosexuels, et à toutes les personnes souhaitant vivre ensemble.

Septembre 1997 : Jean-Claude Gaudin (UDF), maire de Marseille, apporte son soutien au projet de CUCS.

12 septembre 1997 : Une délégation du Collectif est reçue par Catherine Tasca, présidente de la commission des Lois de l'Assemblée nationale. C. Tasca affirme son intention de conserver l'initiative parlementaire sur ce dossier : le travail législatif doit partir des propositions parlementaires déjà déposées. Cette audience marque véritablement le début du processus d'élaboration de la loi. C. Tasca demande aux députés Patrick Bloche, membre de la commission des Affaires culturelles, familiales et sociales, et Jean-Pierre Michel, membre de la commission des Lois, d'harmoniser les différents textes proposés par les parlementaires.

27 septembre 1997 : Une délégation du Collectif rencontre Hubert Brin, président de l'Union nationale des associations familiales. L'UNAF comprend le souhait de trouver un lien juridique pour les couples non mariés mais ne souhaite pas que cela crée un nouveau type de famille.

30 septembre 1997 : Les députés du groupe communiste déposent une proposition de loi relative aux droits des couples non mariés (n° 249 – 6 octobre 1997).

16 octobre 1997 : Lors du débat budgétaire à l'Assemblée nationale, Dominique Strauss-Kahn, ministre des Finances, apporte son soutien au CUS et défend l'idée « que la fiscalité soit neutre, que l'on soit marié ou que l'on vive en situation de concubinage ».

Octobre 1997 : La revue *Esprit* publie un article de la sociologue du droit Irène Théry, intitulé « Le contrat d'union sociale ». Ce texte, paru simultanément sous la forme d'une note de la Fondation Saint-Simon, est accompagné d'un dossier préparé par Marianne Schulz. Pour Irène Théry, le projet de CUS est un « mariage *bis* » qui menace le mariage civil institué en 1792, et par conséquent l'ordre symbolique indispensable à l'existence des sociétés humaines. « Le contrat d'union sociale [...] porte atteinte volontairement à la symbolique des liens humains. »

Cette parution inaugure une importante campagne de presse, qui popularise les thèses d'Irène Théry en des termes nettement hostiles au CUCS. « La fausse bonne idée du contrat d'union sociale, c'est de tout mélanger » (*Le Monde*, 25 novembre 1997).

Octobre 1997 : Le Collectif pour le CUCS lance un appel invitant les parlementaires à examiner rapidement les différentes propositions de loi. Cet appel recueille plus de cinq mille signatures au cours des mois qui suivent, parmi lesquelles celles de J.-J. Aillagon, E. Badinter, M. Blanchot, P. Bourdieu, M. Perrot et J.-P. Vernant. La plupart des associations homosexuelles et de lutte contre le sida apportent leur signature.

1998

24 janvier 1998 : Le deuxième congrès du Collectif pour le contrat d'union civile et sociale réunit 200 participants au Sénat. Les congressistes reçoivent les messages d'encouragement de Catherine Tasca, présidente de la commission des Lois, et d'Élisabeth Guigou, garde des Sceaux. É. Guigou : « Je tiens à réaffirmer ma volonté de voir discuter dès 1998 un texte ayant pour objet d'améliorer la nécessaire solidarité entre deux personnes qui ont un projet de vie commun. »

3 février 1998 : La garde des Sceaux, ministre de la Justice, et la ministre de l'Emploi et de la Solidarité confient à Irène Théry une mission de réflexion sur les politiques dans le domaine de la famille.

11 février 1998 : Le journal *Libération* annonce en première page « Bientôt un nouveau contrat d'union – Une réforme pour la vie à deux » et consacre un dossier au projet de « pacte d'intérêt commun » (PIC). Ce projet, qui reprend l'idée d'un cadre juridique nouveau comparable au CUCS, est au cœur des travaux de la mission « Droit et Justice ». Cette mission prend la forme d'un groupement d'intérêt public, dont la présidence a été confiée à Jean Hauser, professeur à la faculté de droit de Bordeaux, par Jaques Toubon, puis confirmée par É. Guigou.

19 février 1998 : Une délégation du Collectif est reçue au ministère de l'Intérieur par Patrick Quinqueton, conseiller chargé de l'immigration. La rencontre porte sur la rédaction de la proposition de loi en ce qui concerne le séjour des étrangers.

4 février 1998 : Le journal *Le Monde* revient sur les travaux de la mission Hauser, et titre « Un pacte d'intérêt commun prend le relais du contrat d'union civile. » Bien que les articles de *Libération* et du *Monde* reposent sur des informations confidentielles et parcellaires, les travaux de la mission n'étant pas achevés, l'ensemble de la presse reprend l'idée que le PIC succède au CUCS comme projet destiné à régler la vie hors mariage. Le rapport définitif de la mission Hauser est finalement publié fin avril.

Février 1998 : Le Collectif rappelle l'existence des propositions parlementaires distinctes du projet de PIC, le terme de pacte civil de solidarité (pacs) est proposé pour désigner les dispositions législatives qu'élaborent les députés Jean-Pierre Michel et Patrick Bloche.

2 mars 1998 : Un mystérieux « Collectif des maires de France pour le mariage républicain » appelle les maires à « s'opposer à la mise en place d'un contrat d'union pour les personnes de même sexe » et à refuser l'implication du maire, en tant qu'officier d'état civil, dans la « célébration » de ce contrat. Cet appel, envoyé à tous les maires de France, présente les projets de PIC et de pacs comme des véritables « mariages » homosexuels susceptibles d'ébranler la famille, et la conscience des élus qui devront les « célébrer ».

8 avril 1998 : Élisabeth Guigou, garde des Sceaux, est entendue lors d'une audition publique de la commissions des Lois du Sénat, consacrée à l'évolution du droit de la famille. La ministre plaide pour une approche consistant à reconnaître que la famille demeure, mais dans des formes qui évoluent. Elle souligne que la notion de couple met désormais en avant la notion de vie à deux, plutôt que la finalité d'assurer une descendance. Paraissant sceptique sur la création d'un statut du concubinage par le biais d'un nouveau contrat dans le code civil, elle évoque la possibilité de permettre au couple de régler les questions patrimoniales qui se posent dans la vie commune par la constitution d'un pacte ou d'un contrat d'union civile.

15 avril 1998 : Le journal *Le Monde* annonce que 12 000 maires ont signé l'appel lancé par le collectif des maires pour le mariage républicain, soit un tiers des maires de France. L'auteur de l'appel est Michel Pinton, maire UDF de Felletin, et l'opération a été menée par l'agence de communication Artéa, pour un budget déclaré de 135 000 francs. Après enquête, des journalistes constatent qu'ils n'ont pas accès à l'ensemble des lettres reçues.

Avril 1998 : La Confédération nationale des Associations familiales catholiques lance une pétition contre les « projets visant à institutionnaliser les couples homosexuels et le concubinage ».

20 avril 1998 : « Radio F.G. » rend public un sondage réalisé par l'institut BVA les 17 et 18 avril 1998. 64 % des personnes interrogées sont tout à fait favorables ou plutôt favorables à la proposition de pacs, présenté comme un cadre juridique pour deux personnes qui cohabitent (amis, frères et sœurs, concubins hétérosexuels ou homosexuels).

28 avril 1998 : Jean-Pierre Michel et Patrick Bloche remettent à la commission des Lois de l'Assemblée nationale le résultat de leur concertation. Ils retiennent la dénomination de pacte civil de solidarité pour leur proposition commune d'un cadre juridique nouveau ouvert à tous les couples non mariés.

29 avril 1998 : Le ministère de la Justice rend public le rapport de la mission « Droit et Justice » présidée par Jean Hauser, qui propose la création d'un pacte d'intérêt commun.

Mai 1998 : Irène Théry remet son rapport intitulé « Couple, filiation et parenté aujourd'hui ». Un chapitre de ce rapport est consacré au concubinage et préconise l'inscription d'un article dans le code civil : « Le concubinage se constate par la possession d'état de couple naturel, que les concubins soient ou non de sexe différent. » Elle rejette en revanche l'idée d'un contrat du type du pacte civil de solidarité.

28 mai 1998 : Catherine Tasca rend publique la proposition de loi relative au pacte civil de solidarité, rédigée en commun par J.-P. Michel et P. Bloche.

9 juin 1998 : En réponse à Françoise de Panafieu, députée (RPR), Élisabeth Guigou, garde des Sceaux, défend à l'Assemblée nationale l'idée d'un « pacte ou contrat » permettant à des couples non mariés d'organiser leur vie commune. Elle se montre cependant défavorable à la signature d'un tel pacte en mairie, et précise que le mariage et la filiation ne doivent en aucun cas être mis en cause par les projets en débat.

18 juin 1998 : Un Français sur deux est favorable à l'instauration d'un Pacte civil de solidarité, selon un sondage CSA-L'Opinion réalisé pour *L'Événement du Jeudi*.

19 juin 1998 : En accord avec Jean-Marc Ayrault, président du groupe socialiste à l'Assemblée nationale, Catherine Tasca annonce que le texte sur le pacs sera examiné le 9 octobre à l'Assemblée, dans le cadre de la séance mensuelle d'initiative parlementaire ou « niche parlementaire » réservée au groupe socialiste.

20 juin 1998 : À Paris, la manifestation de la Lesbian and Gay Pride réunit 150 000 personnes. En tête de la marche, et derrière la banderole « Nous nous aimons, nous voulons le pacs », défilent entre autres Jack Lang, Patrick Bloche et Catherine Tasca.

31 août 1998 : À l'hôtel Matignon se déroule une nouvelle réunion interministérielle consacrée au pacs, présidée par Olivier Schrameck, directeur de cabinet du Premier ministre. Le gouvernement s'engage à soutenir sans ambiguïté la proposition de loi, et choisit le tribunal de grande instance comme lieu d'enregistrement d'un pacte, afin d'éviter une trop grande ressemblance avec le mariage, célébré à la mairie. Reçu le lendemain par deux conseillers du premier ministre, dont Daniel Ludet, conseiller pour la Justice, le Collectif pour le pacs suggère la préfecture comme lieu possible de signature. Par ailleurs, le ministère de l'Économie réclame qu'un délai de cinq ans après la signature d'un pacs soit nécessaire pour bénéficier de l'imposition commune et des droits successoraux. Enfin le ministère de l'Intérieur se déclare favorable à la délivrance d'un titre de séjour à un étranger ayant conclu un pacs avec un Français, à l'issue d'un délai de deux ans après la signature.

2 septembre 1998 : Daniel Vaillant, ministre des Relations avec le Parlement, confirme l'appui du gouvernement à la proposition de loi préparée par les parlementaires. À partir du 2 septembre, des contacts quotidiens ont lieu entre les rapporteurs du texte et des membres des cabinets des différents ministères concernés, sur la rédaction définitive de cette proposition.

8 septembre 1998 : Lors d'une réunion de leur groupe parlementaire, les députés socialistes se rangent à l'avis du gouvernement en se prononçant pour l'enregistrement du pacs au greffe du tribunal de grande instance. 57 % des concubins hétérosexuels sont intéressés par le statut que leur conférerait un pacs, d'après un sondage réalisé par l'IFOP pour *Libération*.

8 et 9 septembre 1998 : J.-P. Michel, rapporteur de la proposition de loi, et P. Bloche auditionnent une quarantaine d'associations, représentant des mouvements familiaux, des militants homosexuels, des maires, des notaires et des avocats ainsi que le Collectif pour le pacs. Les associations favorables au pacs insistent sur leur refus du tribunal de grande instance comme lieu d'enregistrement du pacs, et sur la réduction ou la suppression des délais préalables à l'ouverture des droits fiscaux et successoraux.

10 septembre 1998 : Lors d'une réunion interministérielle consacrée à la proposition de pacs sont fixés les délais retenus par le gouvernement : les contractants d'un pacs pourront bénéficier de l'imposition commune au bout de trois ans.

16 septembre 1998 : Le conseil permanent de la Conférence des évêques de France publie une déclaration condamnant fermement la proposition de pacs, « une loi inutile et dangereuse » qui menace le mariage, « l'une des structures fondamentales de la société, dont il maintient la cohérence ». Cette déclaration fait suite aux prises de position publiques de Mgr Louis-Marie Billé, nouvel archevêque de Lyon et président de la Conférence épiscopale, qui estime qu'on ne peut parler de « couple homosexuel ». « Un couple, c'est un homme et une femme. »

20 septembre 1998 : Nicolas Sarkozy, secrétaire général du RPR, déclare : « Le pacs n'est pas un mariage, c'est un sous-mariage. La famille, c'est un homme, une femme, des enfants, ou bien un homme et une femme. Or le message qu'on envoie aux plus jeunes, c'est : " La famille, ça peut effectivement être un homme, une femme, des enfants, ou ça peut être un couple d'homosexuels liés par le pacs. " Eh bien, moi, je ne suis pas d'accord. »

22 septembre 1998 : Réunion au ministère de la Justice avec J.-P. Michel et P. Bloche : la conclusion d'un pacs sera dès sa signature un élément d'appréciation des liens personnels susceptibles de permettre la délivrance d'un titre de séjour à un étranger. Il n'y a donc plus de conditions de délai, mais en contrepartie cette rédaction n'implique plus de délivrance automatique. Le même jour, le Syndicat des avocats de France (organisation classée à gauche) se prononce pour « l'union libre et sa reconnaissance légale telle que proposée par Mme Irène Théry au garde des Sceaux, au lieu et place du pacs qui reflète de bonnes intentions mal formulées ».

23 septembre 1998 : La commission des Lois de l'Assemblée nationale adopte la proposition de loi sur le pacs. Selon la dernière rédaction présentée par les rapporteurs, le pacs sera enregistré en préfecture, et aucun délai ne sera nécessaire pour la prise en compte du pacs dans les éléments d'appréciation d'une demande de titre de séjour. Lors de la présentation du texte, la référence à la notion « même toit, même lit », évoquée en mai par Catherine Tasca, est écartée, avec son accord : le pacs concerne les couples homosexuels, les couples hétérosexuels et les duos n'entretenant pas de relations sexuelles. Verts et communistes plaident pour l'enregistrement du pacs en mairie, une proposition écartée par la Commission.

24 septembre 1998 : *France-Soir* consacre sa une au pacs, avec un éditorial qui prend vigoureusement parti pour le projet.

30 septembre et 1er octobre 1998 : La commission des Affaires culturelles, familiales et sociales de l'Assemblée nationale adopte la proposition de loi sur le pacs. Le texte est modifié sur les points suivants : suppression, pour les personnes atteintes de maladie grave, du délai concernant les droits de succession ; suppression du délai entre la conclusion du pacs et le droit à continuation de bail ou le droit de reprise du bailleur ; instauration d'un délai transitoire de trois mois entre la notification de rupture d'un pacs et son entrée en vigueur (proposition de Roselyne Bachelot). En revanche, la commission rejette un amendement de R. Bachelot supprimant l'interdiction de conclure un pacs entre ascendant et descendant en ligne directe, entre alliés en ligne directe et entre collatéraux jusqu'au troisième degré inclus. L'intégration des collatéraux (fratries) dans le dispositif du pacs est cependant défendue par plusieurs députés, et Patrick Bloche, rapporteur pour avis, renvoie la question à la suite du débat.

Dans le même temps, une quinzaine d'associations et partis, dont le Centre gai et lesbien, Aides, Sida Info-service, les Verts et le parti communiste, publient un « Manifeste pour l'égalité des droits », qui appelle à l'ouverture « aux unions de personnes du même sexe » de toutes les formes d'union, y compris le mariage. Ils apportent ainsi un soutien conditionnel au pacs, indiquant que leur objectif premier est l'égalité des couples de même sexe.

3 et 4 octobre 1998 : Des rassemblements hostiles à la proposition de loi réunissent quelques milliers de manifestants dans différentes villes de France. Quelques échauffourées ont lieu à Rennes entre partisans et adversaires du pacs. Les opposants au pacs défilent à l'appel des associations familiales catholiques, et à Paris une « marche pour la vie », organisée par le mouvement Renaissance catholique dénonce l'avortement, l'euthanasie, l'eugénisme, la pédophilie, la pornographie et le pacte civil de solidarité.

6 octobre 1998 : Le groupe socialiste de l'Assemblée nationale se prononce pour une extension aux frères et sœurs de la plupart des dispositions du pacs. Cette extension rencontre l'opposition de l'association Aides et de la Ligue des droits de l'homme, qui dénoncent les insuffisances du projet en matière de reconnaissance juridique du couple homosexuel. La Lesbian and Gay Pride indique « partager certaines des craintes exprimées, mais s'élève avec la plus grande fermeté contre la désinformation qui voudrait que le pacs, parce que accessible aux fratries, ne serait plus un bon projet et que les homosexuels(les) devraient le boycotter ».

8 octobre 1998 : Dans une de ses dernières réunions avant l'ouverture du débat en séance plénière, la commission des Lois repousse, pour des raisons de rédaction, un amendement ouvrant certaines dispositions du pacs aux fratries. Lionel Jospin déclare sur France 2, que la proposition de loi est « comprise par les Français parce qu'ils comprennent qu'en rien cela ne menace l'institution familiale ».

9 octobre 1998 : Le débat à l'Assemblée nationale s'ouvre le vendredi 9 octobre au matin, avec une assistance parlementaire peu nombreuse. La majorité parlementaire a prévu de poursuivre le débat le dimanche après-midi, éventuellement le lundi, et de procéder au vote du texte le mardi 13 octobre, au grand mécontentement de l'opposition qui argue d'un calendrier chargé : le débat coïncide avec la tenue des journées parlementaires des élus RPR le week-end à Menton, et la discussion du projet de loi d'orientation agricole. Mais les députés de droite sont plus nombreux dans l'hémicycle. Une exception d'irrecevabilité, défendue par le groupe Démocratie libérale, est adoptée à 15 heures et met fin à l'examen du texte.

Les députés de droite triomphent à l'occasion de ce qu'ils considèrent comme la première grande défaite de Lionel Jospin. Le gouvernement s'engage aussitôt à mettre rapidement à l'ordre du jour de l'Assemblée nationale une nouvelle proposition de loi.

12 octobre 1998 : Les parlementaires socialistes, accusés par la presse d'être secrètement hostiles au pacs et de l'avoir prouvé par leur absentéisme du 9 octobre, se défendent en soulignant leurs obligations d'élus locaux et en rejetant la faute sur la date choisie pour le débat.

13 octobre 1998 : Les députés socialistes approuvent le nouveau texte du pacs et le signent individuellement, à la demande de leur président Jean-Marc Ayrault. Ce nouveau texte précise en particulier que deux frères, deux sœurs ou un frère et une sœur résidant ensemble pourront bénéficier des mêmes avantages que les partenaires d'un pacs, sauf en ce qui concerne le régime successoral.

Les socialistes n'associent pas les autres composantes de la majorité au dépôt de ce texte, et ces dernières déposent leur propre proposition. Cinq textes sont finalement déposés : deux textes identiques déposés par le groupe PS et par le député Jean-Pierre Michel (MDC), ainsi que les textes du PCF, des Verts et du député radical de gauche Alain Tourret. Les propositions des Verts et des communistes excluent pour les fratries le bénéfice des dispositions du pacs, et défendent la signature du pacte en mairie. La proposition d'A. Tourret prévoit l'enregistrement du pacte au tribunal d'instance, et précise les modalités de constatation du concubinage.

La conférence des présidents de l'Assemblée nationale prend acte des nouvelles dates arrêtées par le gouvernement pour l'examen du pacs, le mardi 3 novembre, et le week-end des 7 et 8 novembre.

14 octobre 1998 : La commission des Lois désigne Jean-Pierre Michel rapporteur pour les nouvelles propositions de loi, et adopte le texte des propositions de loi du groupe socialiste et de J.-P. Michel. La commission suggère aux auteurs des autres textes de reprendre leurs propositions sous forme d'amendements à examiner ultérieurement.

22 octobre 1998 : La commission des Affaires culturelles, familiales et sociales adopte sans modification le texte adopté par la commission des Lois.

26 octobre 1998 : Près de mille amendements sont finalement déposés sur la nouvelle proposition de loi par les groupes RPR, UDF et Démocratie libérale (DL). Deux stratégies se dessinent dans l'opposition. La première relève d'une tactique d'obstruction. Christine Boutin (UDF) et Jean-Claude Lenoir (DL) sont désignés par leurs groupes pour défendre pendant une dizaine d'heures des motions de procédures. Christine Boutin s'était fait remarquer lors de la séance du 9 octobre par sa combativité, et parce qu'elle avait brandi une Bible dans l'hémicycle en déclarant : « Vous feriez mieux de lire la Bible, ça vous changerait. » La seconde stratégie, particulièrement incarnée par Patrick Devedjian (RPR), consiste à proposer des dispositifs alternatifs au pacs : aménagements de la fiscalité ou des modalités de la continuation du bail. Quelques jours auparavant, Bernadette Chirac indiquait au *Figaro magazine* qu'il n'était pas nécessaire de faire une loi pour résoudre les problèmes posés et que le pacs portait « le risque d'une banalisation du couple homosexuel tendant à en faire une structure parafamiliale normale jusqu'à l'adoption d'enfants, voire la procréation assistée ».

29 octobre 1998 : La commission des Lois approuve le choix du tribunal d'instance comme lieu d'enregistrement du pacs et précise la procédure de rupture unilatérale, en adoptant le principe de la signification par huissier (deux amendements du radical de gauche Alain Tourret). Elle remplace sur proposition du communiste B. Birsinger la formule « peut être conclu par deux personnes physiques quel que soit leur sexe » par «... de sexe différent ou de même sexe ». Enfin, les seuils d'abattements sur les droits de donation et de succession sont relevés, et la qualité d'ayant droit d'assuré social est réintroduite dans le texte, par un amendement du gouvernement dont l'approbation était constitutionnellement nécessaire.

3 novembre 1998 : La discussion de la proposition de loi relative au pacs débute à 17 heures sous la présidence de Laurent Fabius, président de l'Assemblée nationale. Devant des députés nombreux et agités, la proposition est défendue par les deux rapporteurs, par la présidente de la commission des Lois, puis par la garde des Sceaux. Élisabeth Guigou déclare : « Oui, mesdames et messieurs les députés, les homosexuels existent ! Oui, il leur arrive de vivre en couple ! Oui, des hétérosexuels vivent en couple sans être mariés ! Oui, ils ont le droit d'être reconnus par le droit ! Oui, ils ont le droit d'être protégés ! Oui, des personnes qui vivent ensemble sans lien charnel mais qui veulent briser leur solitude doivent pouvoir bénéficier elles aussi des mêmes droits ! » Élisabeth Guigou affirme la volonté du gouvernement de dissocier totalement le pacs de la législation sur la famille, écartant toute perspective d'effet sur la filiation. Les empêchements à conclure un pacs pour les membres d'une même famille sont justifiés ainsi : la signature d'un pacs présume la communauté de lit, et deux personnes qui ne peuvent partager le même lit sans enfreindre la loi ne doivent pas pouvoir conclure un pacte de solidarité.

Vient ensuite l'examen d'une exception d'irrecevabilité déposée par l'UDF et défendue par Christine Boutin. Celle-ci parle pendant environ cinq heures et demie et dénonce dans le pacs « le vecteur de la reconnaissance de la relation homosexuelle comme relation sociale à part entière, au même titre que la relation naturelle de l'homme et de la femme ». Son intervention est émaillée d'incidents de séance, dont le plus grave se déroule peu après minuit : une suspension de séance accordée par le président de séance Arthur Paecht (UDF) vaut à ce dernier quelques insultes et bousculades. La présidence est alors reprise par Laurent Fabius, et la discussion de l'exception se poursuit jusqu'à sa conclusion, à trois heures et demie du matin, par le rejet de la motion.

7 et 8 novembre 1998 : À l'issue de deux longues journées de débat, l'examen du premier article de la proposition de loi n'est toujours pas achevé, l'Assemblée ayant rejeté deux autres motions de procédure (question préalable et renvoi en commission) et discuté plusieurs centaines d'amendements. L'opposition demeure fidèle à sa démarche d'obstruction visant à faire durer les débats ; à cette démarche répond la fermeté du président Laurent Fabius, qui n'hésite pas à interrompre ou limiter la parole de certains orateurs. Les débats sont houleux, ponctués d'invectives, de propos injurieux à l'égard des unions homosexuelles tenus par des élus de droite, auxquels répondent les protestations des élus de gauche. Un rare moment de calme est offert par la courte intervention de Roselyne Bachelot, seule députée de l'opposition favorable au pacs, qui justifie, dans un silence respectueux, l'idée « d'une structure de compagnonnage, impliquant une solidarité globale entre deux personnes qui ont choisi de vivre ensemble ». À l'issue de ces deux journées de débats, les seuls amendements retenus sont un amendement de l'opposition visant à réserver le pacs à des « personnes physiques majeures », ainsi que les deux amendements déjà acceptés par la commission des Lois sur l'intitulé précisant que les signataires d'un pacs sont « de sexe différent ou de même sexe », et que le pacs est enregistré au tribunal d'instance.

Dans la journée de samedi, plusieurs parlementaires de droite rejoignent la manifestation du Collectif pour le mariage et contre le pacs, qui regroupe notamment l'Alliance pour les droits de la vie et le Collectif des maires de France pour le mariage républicain. Plusieurs dizaines de milliers de personnes défilent dans le VIIe arrondissement de Paris et applaudissent les déclarations de Christine Boutin.

1er et 2 décembre 1998 : L'Assemblée nationale consacre quatre séances à l'examen des sept premiers articles de la proposition de loi. Les modifications apportées au texte se limitent aux conditions de rupture d'un pacs, conformément à l'avis de la commission des Lois, et à la suppression de l'article 7 qui faisait du pacs un élément pris en compte pour apprécier l'assimilation d'un étranger à la communauté française, lui ouvrant accès à la naturalisation. La suppression de l'article 7 se fait à la demande de l'opposition, avec l'accord de la garde des Sceaux qui précise que cette disposition doit relever d'une circulaire d'application. Pour le reste, les débats, longs de vingt-quatre heures réparties en deux nuits blanches, se limitent à un dialogue de sourds : les orateurs de l'opposition, Bernard Accoyer (RPR), Christine Boutin (UDF), Dominique Dord (DL), Claude Goasguen (DL), Thierry Mariani (RPR), Henri Plagnol (UDF), répètent invariablement leur argumentation assimilant le pacs à une légitimation de la répudiation, ou leur exigence d'une interdiction explicite, dans le texte du pacs, de l'adoption, de la procréation médicale assistée, voire de la garde d'enfants pour les couples homosexuels ; ils consacrent plusieurs heures aux débats de procédure, suspensions de séance et rappels au règlement ; la majorité pour sa part rejette mécaniquement les amendements, le président de séance et le gouvernement utilisent certaines dispositions réglementaires pour accélérer la discussion.

La journée du 2 décembre est aussi le cadre d'un psychodrame parlementaire. Lors des questions au gouvernement, Lionel Jospin, premier ministre, explique le retard pris par les débats par « une obstination dans l'obstruction et par le choix de l'opposition de confier l'exposé de sa vision de ce problème de société à une députée marginale sur ces questions et outrancière dans ses propos ». Christine Boutin fond en larmes et quitte théâtralement l'hémicycle.

Le gouvernement fixe la fin de la discussion au mardi 8 décembre.

8 décembre 1998 : L'Assemblée nationale achève l'examen de la proposition de loi, dans un climat plus détendu, l'opposition considérant s'être suffisamment exprimée. L'essentiel de la discussion porte sur l'article 10 ouvrant certaines dispositions du pacs aux frères et sœurs résidant ensemble. Les amendements de suppression sont repoussés par le seul groupe socialiste, mais son président Jean-Marc Ayrault laisse entendre que son groupe abandonnera cette rédaction aux cours des prochaines lectures, conformément au vœu du gouvernement de voir traiter le problème posé par les fratries en dehors du texte du pacs.

9 décembre 1998 : L'Assemblée nationale adopte en première lecture par 316 voix contre 249 la proposition de loi sur le pacs. Dans l'opposition, seule Roselyne Bachelot (RPR) vote pour, Jean-Louis Borloo (UDF) et Alain Madelin (DL) s'abstenant. Dans la majorité de gauche, seul Jacques Desallangre (MDC) s'abstient. La discussion en première lecture aura duré 64 heures et 34 minutes.

1999

27 janvier 1999 : La commission des Lois du Sénat procède à des auditions publiques sur la proposition de loi. À l'exception de Denis Quinqueton, secrétaire général du Collectif pour le pacs, qui soutient clairement le texte adopté par l'Assemblée nationale, les intervenants invités, en tant qu'experts ou représentants d'associations et de confessions religieuses, déclinent l'inventaire complet des oppositions au pacs. Il s'agit soit d'un refus absolu de la reconnaissance des couples homosexuels, soit d'un refus de l'apparition d'un nouveau statut entre concubinage et mariage. Le pacs est accusé de léser les couples en union libre et les célibataires. Les associations de lutte contre le sida apportent un soutien ambigu : Act Up-Paris, par la voix de Dominique Blanchon, considère que l'adoption de ce texte, en l'état de sa rédaction, n'améliorera pas les conditions de vie réelles des malades du sida, et Aides (fédération nationale), représentée par Daniel Borillo, « ne s'oppose pas au pacs, malgré ses insuffisances, mais s'oppose plutôt au fait que le pacs soit ou apparaisse comme le seul et unique instrument de reconnaissance des unions homosexuelles ». Enfin, la question de la parentalité des couples homosexuels est largement débattue. Le rapporteur de la commission conclura dans *Le Figaro* du 11 mars qu'aucune personne auditionnée n'était satisfaite du texte de l'Assemblée nationale.

30 janvier 1999 : Le troisième congrès du Collectif pour le pacs réunit 350 participants à l'Assemblée nationale. Les parlementaires présents appellent à la mobilisation de tous les partisans du projet et fustigent l'« esthétisme juridique » de certaines associations de lutte contre le sida, et l'alliance objective entre la droite la plus extrême et les prises de position des experts. Luc Pareydt, jésuite et philosophe, et Soheib Bencheikh, mufti de Marseille, viennent témoigner de la diversité des sensibilités qui traversent leur confession respective, et qui ne sont pas nécessairement hostiles au pacs.

31 janvier 1999 : Environ cent mille personnes défilent à Paris, des Invalides au Trocadéro, à l'appel de 125 députés de droite et de Génération anti-pacs, qui regroupe trente associations familiales, confessionnelles ou d'élus. Les organisateurs mettent en avant la présence d'une jeunesse nombreuse, qui chante et danse au son de la musique techno, et du titre de Gloria Gaynor *I Will Survive*, grand classique des discothèques gaies, devenu l'hymne de l'équipe de France de football pendant la Coupe du Monde de 1998. Cette ambiance de kermesse ne suffit pas à faire oublier la présence des partis d'extrême droite représentés par Bruno Mégret et Bruno Gollnisch, et l'expression de slogans homophobes. Les organisateurs, qui attendaient deux cent mille personnes, ont utilisé un système de comptage électronique des manifestants pour contrer les estimations de la presse et de la police, qu'ils estiment leur être systématiquement défavorables, comme cela aurait été le cas lors de la manifestation du 7 novembre 1998. 98 403 manifestants sont décomptés. Cette manifestation a un résultat paradoxal : Christine Boutin et ses alliés ont montré leur capacité à mobiliser un nombre important de manifestants. Mais cette mobilisation n'a pas dépassé le public habituel des associations catholiques et des partis de droite.

9 mars 1999 : La commission des Lois du Sénat auditionne É. Guigou, garde des Sceaux, C. Sautter, secrétaire d'État au Budget, B. Kouchner, secrétaire d'État à la Santé, ainsi que des représentants de professions juridiques.

10 mars 1999 : La commission des Lois du Sénat adopte un texte entièrement différent de celui voté par l'Assemblée nationale. L'opposition au pacte civil de solidarité est totale : considérant qu'il n'y a pas de place entre l'union libre et le mariage pour un statut intermédiaire, le texte supprime l'article premier de la proposition de loi créant le pacs. La stratégie retenue par la majorité sénatoriale est d'élaborer des dispositions alternatives, en introduisant dans le code civil une définition du concubinage et en adoptant des mesures fiscales et successorales de nature à favoriser les liens de solidarité et la liberté testamentaire. Le concubinage est défini comme « le fait pour deux personnes de vivre en couple sans être unies par les liens du mariage » ; la volonté de Patrice Gélard, rapporteur de la commission, est sans ambiguïté de reconnaître l'existence des couples homosexuels, et d'amener la Cour de cassation à réviser sa jurisprudence. Mais il ne prend pas le risque de soumettre explicitement cette position au vote de sa majorité. Alors que le nouveau texte introduit dans le code civil le principe du caractère hétérosexuel du mariage, ce qui est un refus direct opposé à la demande d'ouverture du mariage aux homosexuels, le président de la commission, Jacques Larché, refuse de mettre aux voix une proposition des sénateurs socialistes et communistes ajoutant la précision « quel que soit leur sexe » à la définition des personnes vivant en concubinage.

17 mars 1999 : La commission des Lois du Sénat rejette par 15 voix contre 12 un amendement proposé par les sénateurs centristes Jean-Jacques Hyest et Pierre Fauchon, ajoutant la précision « quel que soit leur sexe » à la définition du concubinage. La discussion s'ouvre au Sénat, et la garde des Sceaux défend dans une ambiance tendue la proposition de loi adoptée par l'Assemblée nationale. Les sénateurs ont à l'esprit les campagnes de presse qui, depuis quelques mois, condamnent le conservatisme de la Haute Assemblée pour ses positions sur l'introduction de la parité homme-femme dans la vie publique, et sur la limitation du cumul des mandats. De surcroît, le gouvernement a engagé une réforme du mode d'élection des sénateurs. Ceux-ci sont donc soucieux de combattre leur réputation de « ringardisme » et affichent leur volonté d'éviter tout propos homophobe. La validité juridique des textes débattus, la défense de la famille et du mariage, la reconnaissance du couple homosexuel, sont cependant les sujets d'échanges très vifs entre sénateurs de droite et de gauche.

18 mars 1999 : Le Sénat supprime le pacte civil de solidarité par 216 voix contre 99 et adopte par 192 voix contre 117 l'introduction du concubinage dans le code civil. Robert Badinter (PS) défend sans succès l'amendement précisant que cette définition s'applique à deux personnes quel que soit leur sexe. Le Sénat adopte de plus, à 207 voix contre 106, la définition du mariage comme « l'union d'un homme et d'une femme célébrée par un officier d'état civil ». Les amendements présentés par les groupes socialistes et communistes leur permettent d'indiquer l'état et l'évolution des convictions chez les parlementaires de gauche. Les sénateurs communistes réaffirment le souhait de voir le pacte civil de solidarité enregistré en mairie par un officier d'état civil. À la notable exception de Jean-Luc Mélenchon, qui demeure fidèle à l'esprit originel de la proposition de loi, les sénateurs socialistes expriment leur volonté, en accord avec le gouvernement, de faire sortir les fratries du champ d'application du pacs. Les socialistes souhaitent aussi limiter la portée du régime d'indivision s'appliquant aux biens. Pour mettre en œuvre sa stratégie de suppression du pacs en contrepartie d'une reconnaissance du concubinage homosexuel, la majorité sénatoriale comptait trouver des alliés parmi les sénateurs socialistes, comme le lui laissait espérer la position de Robert Badinter. Finalement ces derniers, sous l'impulsion de la sénatrice Dinah Derycke, expriment leur soutien au pacs, augmenté d'une définition légale du concubinage englobant explicitement les couples homosexuels.

23 mars 1999 : Le Sénat achève la discussion sur le pacs et adopte sa contre-proposition par 195 voix contre 116. Certains sénateurs de la majorité sénatoriale rejettent le texte pour ne pas « institutionnaliser » le concubinage homosexuel.

24 mars 1999 : La commission des Lois de l'Assemblée nationale se prononce pour le rétablissement du pacs tout en retenant la proposition d'introduire une définition du concubinage dans le code civil. La commission rejette de plus l'ensemble des dispositions fiscales et successorales votées par le Sénat en remplacement du pacs. Elle confirme cependant la suppression de deux articles du texte voté en décembre : l'article relatif aux fratries et l'article étendant l'application du pacs aux territoires d'outre-mer. La commission se prononce enfin pour certains aménagements juridiques, qui reprennent des avis formulés par le professeur Jean Hauser préalablement auditionné : la nature contractuelle du pacs est clairement affirmée ; la convention passée entre les partenaires n'est pas conservée par le greffe du tribunal d'instance, mais simplement visée par le greffier, à charge pour les partenaires de la conserver ; l'attribution préférentielle en cas de dissolution du pacs exclut les exploitations agricoles ; la conclusion d'un pacs est impossible pour un majeur placé sous tutelle. Le délai de deux ans initialement prévu pour pouvoir bénéficier des abattements sur les droits de succession entre partenaires pacsés ne s'applique plus qu'aux seules donations entre vifs. Enfin, la solidarité des partenaires pour les dettes contractées concerne aussi les dépenses relatives au logement commun.

30 mars 1999 : L'Assemblée nationale débute l'examen de la proposition de loi en deuxième lecture. Les parlementaires sont peu nombreux, et le climat est largement dominé par l'inquiétude que provoque la situation en Yougoslavie : les bombardements de l'OTAN ont commencé il y a quelques jours avec la participation de la France, et des milliers de réfugiés commencent à fuir le Kosovo. Six heures de débats sont consacrées à la discussion générale, à l'exception d'irrecevabilité défendue par Nicole Catala (RPR), la question préalable défendue par Dominique Dord (DL) et la motion de renvoi en commission défendue par Henri Plagnol (UDF). Les trois motions de procédure sont rejetées.

31 mars 1999 : L'Assemblée débute l'examen des articles de la proposition de loi et des quelque 600 amendements déposés principalement par l'opposition.

1er avril 1999 : « Par souci de dignité », compte tenu du décalage entre ce débat et l'actualité dominée par la situation internationale, Th. Mariani et Ch. Boutin renoncent à défendre la plupart des 400 amendements restant en discussion. Les débats s'accélèrent, pour permettre à la garde des Sceaux et aux quelques parlementaires présents de se rendre dans l'après-midi à La Rochelle, où doivent se dérouler les obsèques de Michel Crépeau, député PRG, décédé à la suite d'un malaise pendant une séance de l'Assemblée. Les seuls amendements adoptés modifient le texte de loi sur les points suivants : l'article concernant le régime des biens acquis distingue les meubles garnissant le logement, pour lesquels il existe rarement un acte d'acquisition, des autres biens ; le partenaire d'un pacs bénéficie du même droit que le conjoint survivant pour l'attribution du capital décès (deux amendements proposés par le gouvernement) ; les conditions de mutation des fonctionnaires liés par un pacte sont complétées par une priorité portant sur les changements de corps par détachement ou mise à disposition (initiative du groupe communiste).

7 avril 1999 : L'Assemblée nationale adopte la proposition de loi en deuxième lecture par 300 voix contre 253.

5 mai 1999 : La commission des Lois du Sénat constate qu'elle n'a pas réussi à convaincre l'Assemblée nationale d'abandonner le projet de pacs au profit d'un dispositif alternatif. Elle renonce à poursuivre le débat sur le pacs en tant que tel, et propose d'opposer la question préalable à la proposition de loi adoptée par l'Assemblée nationale.

11 mai 1999 : Le Sénat adopte par 214 voix contre 98 la motion opposant la question préalable au début de l'examen en deuxième lecture de la proposition de loi. La discussion est donc interrompue au bout de deux heures trente de débat.

18 mai 1999 : La commission mixte paritaire, qui réunit un nombre égal de députés et sénateurs, sous la présidence de Catherine Tasca et de Jacques Larché, constate l'impossibilité de trouver un terrain d'entente entre la majorité de l'Assemblée nationale et la majorité sénatoriale, et renonce à proposer un texte sur les points de désaccord persistant entre les deux chambres.

27 mai 1999 : Réunion de la commission des Lois de l'Assemblée nationale. Compte tenu de la question préalable adoptée par le Sénat et de l'échec de la commission mixte paritaire, la nouvelle discussion porte sur le texte adopté par l'Assemblée nationale en deuxième lecture et la commission des lois décide de ne plus modifier le texte. En particulier, le rapporteur, Jean-Pierre Michel, renonce à modifier la définition du concubinage, contrairement à ce qu'il avait suggéré lors de la commission mixte paritaire. La commission rejette les amendements d'Henri Plagnol introduisant une évaluation législative de la réforme au bout de cinq ans.

3 juin 1999 : La commission des Affaires culturelles, familiales et sociales de l'Assemblée nationale donne un avis favorable à l'adoption sans modification de la proposition de loi.

8 et 9 juin 1999 : L'Assemblée nationale procède à la nouvelle lecture de la proposition de loi relative au pacte de solidarité. Elle repousse successivement une exception d'irrecevabilité longuement défendue par Charles de Courson (UDF), une question préalable défendue par Patrick Delnatte (RPR), une motion de renvoi en commission défendue par François Goulard (DL) et la totalité des trois cents amendements présentés par l'opposition.

15 juin 1999 : L'Assemblée adopte le pacs en nouvelle lecture par 300 voix contre 243.

23 juin 1999 : La commission des Lois du Sénat décide une nouvelle fois d'opposer la question préalable lors de la discussion en nouvelle lecture de la proposition de loi.

26 juin 1999 : Plus de cent vingt mille personnes défilent à l'occasion de la marche annuelle de la Lesbian and Gay Pride, qui a choisi pour mot d'ordre « Contre l'homophobie et pour le pacs ». La tête du cortège accueille C. Tasca, R. Bachelot, N. Borvo, J.-P. Michel, P. Bloche, J. Lang et B. Delanoë.

29 juin 1999 : L'Assemblée nationale adopte une résolution modifiant son règlement. Cette modification porte en particulier sur la durée de la discussion des motions de procédure. C'est une conséquence directe des débats sur le pacs et de la défense interminable de telles motions par l'opposition, défense qui n'était jusqu'à présent pas limitée dans le temps. Désormais, l'intervention des signataires de chaque motion est limitée à une heure trente. La résolution est déclarée conforme à la Constitution le 8 juillet 1999.

30 juin 1999 : Le Sénat a consacré la nuit du 29 au 30 juin à la discussion du projet de loi sur la couverture maladie universelle. Les débats ont été sciemment prolongés : les sénateurs de droite s'opposent à l'ordre du jour fixé par le gouvernement, qui prévoyait pour la journée du 30 juin non seulement l'examen de la proposition de loi relative au pacs, mais aussi l'examen des textes relatifs à la limitation du cumul des mandats électoraux. La séance réservée à l'examen du pacs est reportée à l'après-midi. En fin de matinée, le gouvernement renonce à faire examiner le texte le soir même par l'Assemblée nationale. Le Sénat débute ses travaux à 15 heures, adopte la question préalable et interrompt la discussion sur la création du pacte civil de solidarité à 22 heures. La fin de la session parlementaire renvoie l'adoption du texte à l'automne.

28 et 29 août 1999 : Au cours des « universités d'été », journées à l'occasion desquelles les différents partis politiques réunissent leurs militants, les jeunes adhérents des partis de droite se montrent critiques à l'égard des positions prises par leurs organisations, et obligent leurs aînés à quelques déclarations hésitantes. Ainsi, Nicolas Sarkozy, secrétaire général du RPR, déclare : « J'étais et je demeure contre le PACS. Mais je regrette que nous n'ayons pas pu nous faire davantage entendre ou comprendre d'une communauté homosexuelle qui a parfois pu être blessée par ce qu'elle a cru entendre. » Face aux jeunes militants de l'UDF, Philippe Douste-Blazy, président du groupe UDF à l'Assemblée, concède pour sa part avoir trouvé des traces d'« homophobie » dans le discours de Christine Boutin, avant de se rétracter le lendemain.

12 octobre 1999 : L'Assemblée nationale procède à la lecture définitive de la proposition de loi. La séance s'achève après trois heures et demie de discussion, au cours de laquelle sont successivement repoussées une exception d'irrecevabilité défendue par Claude Goasguen pour le groupe Démocratie libérale, la question préalable défendue par Thierry Mariani pour le RPR, et une motion de renvoi en commission défendue par Pierre Albertini pour le groupe UDF. Christine Boutin consacre les cinq minutes du temps de parole que lui a accordé son groupe pour en appeler au président de la

République afin qu'il demande une nouvelle délibération de la loi. Philippe de Villiers s'associe aussitôt à cet appel. J.-P. Michel, rapporteur de la proposition, recommande de son côté au gouvernement de « manifester sa volonté politique pour lever les obstacles et faire appliquer le texte avant l'an 2000 » en faisant face à l'éventuelle inertie des administrations dans la rédaction des décrets d'application.

13 octobre 1999 : L'Assemblée nationale procède au vote, par scrutin public, de la proposition de loi relative au pacte civil de solidarité. En préalable aux explications de vote, J.-P. Michel rappelle les propos homophobes tenus par certains élus de droite, et remercie les différents acteurs, élus et militants, du combat mené pour le pacs. L'ensemble de la proposition de loi est adopté à la majorité de 315 voix contre 249. À droite, Roselyne Bachelot (RPR) et Gérard Grignon (UDF) ont voté pour, Philippe Séguin (ancien président du RPR) et Alain Madelin (président de Démocratie libérale) se sont abstenus.

Le jour même, 213 députés saisissent le Conseil constitutionnel d'une demande d'examen de la conformité à la Constitution de la nouvelle loi, et sont imités le lendemain par 115 sénateurs.

5 novembre 1999 : L'Élysée rend publique une lettre écrite par le président de la République et adressée au président de l'Union nationale des associations familiales (UNAF), Hubert Brin. Dans ce courrier, Jacques Chirac présente le pacs comme « une formule inadaptée aux besoins de la famille car il ne reconnaît pas la valeur de l'engagement et ne comporte aucune sécurité, [...] ni pour l'enfant ni pour le contractant le plus vulnérable », et se déclare convaincu qu'il y avait d'autres voies que la création d'un « statut précaire imité du droit matrimonial pour apporter des solutions raisonnables aux problèmes rencontrés par les couples homosexuels ».

9 novembre 1999 : Le Conseil constitutionnel déclare la loi relative au pacte civil de solidarité conforme à la Constitution. Tous les motifs d'irrecevabilité soulevés par l'opposition sont repoussés. Les précisions qui soutiennent la décision du Conseil reprennent l'argumentation développée lors des débats parlementaires par les députés rapporteurs de la loi et par la garde des Sceaux, en reconnaissant que le législateur a fait valoir pleinement ses prérogatives. Parmi ces remarques éclairant l'interprétation du texte, il est rappelé que « la notion de vie commune ne couvre pas seulement une communauté d'intérêts et ne se limite pas à l'exigence d'une simple cohabitation entre deux personnes ; que la vie commune [...] suppose, outre une résidence commune, une vie de couple, [...] qu'en conséquence, sans définir expressément le contenu de la notion de vie commune, le législateur en a déterminé les composantes essentielles ».

10 novembre 1999 : Lors de la séance des questions au gouvernement à l'Assemblée nationale, répondant à Patrick Bloche, la garde des Sceaux déclare : « Je me bornerai à constater que les 26 pages d'attendus de la décision du Conseil constitutionnel ont rejeté aux oubliettes les dizaines d'heures d'objections juridiques soulevées par l'opposition » et précise qu'elle a envoyé le matin même une circulaire aux greffiers des tribunaux d'instance pour leur permettre d'enregistrer des pacs dès la promulgation de la loi, sans attendre la parution de décrets d'application, qui pourrait intervenir durant le mois de décembre.

15 novembre 1999 : Jacques Chirac, président de la République, promulgue la loi relative au pacte civil de solidarité, qui paraît au *Journal officiel* daté du 16 novembre.

18 novembre 1999 : Une dépêche de l'Agence France Presse annonce à 17 heures que la greffière en chef du tribunal d'instance de Lille a délivré sa première attestation de pacs, peut-être la première en France d'un pacte signé en bonne et due forme, unissant officiellement Francis et Dominique, un couple d'homosexuels vivant ensemble depuis 19 ans.

24 décembre 1999 : Parution au *Journal officiel* des décrets n° 99-1089, n° 99-1090 et n° 99-1091, signés le 21 décembre et portant application des différentes dispositions de la loi créant le pacte civil de solidarité.

1er janvier 2000 : 6 211 pactes civils de solidarité ont été conclus depuis la promulgation de la loi.

Entretien avec Jean-Pierre Michel et Patrick Bloche, députés

Jean-Pierre Michel a été le rapporteur de la proposition de loi créant le pacs, pour la commission des Lois, et Patrick Bloche rapporteur pour avis de la commission des Affaires culturelles, familiales et sociales. L'entretien s'est déroulé le 1er juin 1999 avec les auteurs.

GÉRARD BACH-IGNASSE : *Comment situer la création du pacte civil de solidarité dans le cadre plus général de l'évolution des lois relatives aux mœurs ?*

JEAN-PIERRE MICHEL : L'évolution, dans un sens libéral, des lois relatives à l'homosexualité a toujours concerné le droit pénal : suppression des discriminations relatives à l'âge du consentement, conséquences pénales de discriminations, amendement de Patrick Bloche au projet de loi sur l'audiovisuel [1]. Avec la création du pacs, pour la première fois, on parle d'homosexualité dans le code civil. L'homosexualité ne peut donc plus être qualifiée de comportement déviant ou anormal, puisque le couple homosexuel entre dans le code civil, et plus précisément dans la

1. Cet amendement conduit le Conseil supérieur de l'audiovisuel à veiller à ce que les programmes ne contiennent aucune incitation à la haine ou à la violence pour des raisons de mœurs.

partie qui concerne le droit des personnes. Si le pacs est une réussite, c'est-à-dire si de nombreux couples s'engagent dans un pacs, il deviendra petit à petit une institution, une façon de vivre en commun, reconnue par la puissance publique, et cela contribuera à banaliser l'homosexualité et à faire reculer l'homophobie.

PATRICK BLOCHE : Qu'a fait la gauche pendant sa première législature, entre 1981 et 1986 ? Il s'est agi de faire de l'individu homosexuel un citoyen à part entière, en faisant tomber certaines discriminations par une démarche législative (dépénalisation, loi Quilliot sur l'accès au logement) et réglementaire (circulaire Deferre). Nous avons dépénalisé l'homosexualité, ce qui bénéficiait aux homosexuels, mais nous ne traitions pas de l'homosexualité en tant que telle. C'est vraiment grâce au pacs que l'on parle maintenant d'une manière toute différente de l'homosexualité, qui a cessé d'être un sujet tabou. Nous avons suffisamment circulé en province, Jean-Pierre et moi, pour savoir que l'on peut désormais évoquer cette question devant tous les publics, ce qui aurait été inconcevable avant le pacs.

GÉRARD BACH-IGNASSE : *Que penser de cette opposition venue de ceux qui se disaient prêts à accepter la création d'un statut spécifique pour les homosexuels, mais qui ont refusé avec véhémence un statut ouvert à la fois aux homosexuels et aux hétérosexuels ?*

JEAN-PIERRE MICHEL : À l'origine, pourquoi avons-nous voulu nous adresser aussi bien aux hétérosexuels qu'aux homosexuels ? Nous considérions qu'il ne fallait pas de loi communautariste, conformément à nos convictions républicaines : la République légifère pour tous les citoyens. C'est seulement rétrospectivement, et à travers cette opposition, que nous comprenons l'importance d'avoir mis sur le même plan les couples hétérosexuels et les couples homosexuels. Certains en effet veulent entretenir des distinctions entre ce qu'ils qualifient de « couples qui ont une utilité sociale », à qui il faut donner des avantages, et des couples qui n'auraient pas d'utilité sociale, et à qui il ne faut rien donner.

PATRICK BLOCHE : En septembre 1998, j'ai auditionné six associations familiales membres de l'UNAF. Or la critique du représentant de la confédération des familles catholiques portait sur le fait que nous ne proposions pas un statut spécifique pour les couples homosexuels. C'est en fait là que s'arc-boutait la thématique de l'affaiblissement du mariage. Au fond, ces familles catholiques nous reprochaient d'offrir aux couples hétérosexuels une possibilité de ne pas se marier. À les entendre, à entendre certains députés de droite, y compris de Courson dans ses développements fiscalistes, il faudrait rendre le mariage obligatoire pour les couples hétérosexuels.

JEAN-PIERRE MICHEL : Si nous avions créé un statut réservé aux homosexuels, l'UNAF aurait considéré, en tant que représentant les familles, qu'elle n'avait rien à dire. Mais c'est là une ligne de fracture définitive avec les opposants au pacs : nous ne sommes fondamentalement pas d'accord sur ce que veut dire le mot « famille ». Pour les opposants au pacs, et en résumant un peu grossièrement, une famille, c'est une femme et un homme mariés – certains admettant aussi les couples hétérosexuels non mariés. Pour nous, la famille c'est autre chose, c'est une cellule sociale. Aujourd'hui il y en a de plusieurs types : les couples mariés avec des enfants, les couples avec des enfants, qui ne sont pas mariés et qui peuvent être aussi stables que les précédents, et puis encore les familles monoparentales, que nos adversaires ont tendance à oublier ; enfin il y a des familles de nature homosexuelle, dont certaines élèvent des enfants et d'autres pas, mais qui appartiennent tout autant à la société comme contribuables et consommateurs. Ce clivage politique se manifestera certainement à nouveau lors du débat sur la famille.

YVES ROUSSEL : *Le processus d'adoption du pacs a soulevé des débats d'une ampleur considérable. S'attendait-on à une telle opposition ?*

PATRICK BLOCHE : Lorsque à l'automne 1997 Catherine Tasca nous confia cette mission d'élaborer un nouveau texte et pendant les six premiers mois de 1998 au cours desquels nous avons travaillé, tout le monde pensait qu'il s'agirait d'une proposition de loi d'une certaine importance, mais personne n'imaginait qu'il allait s'agir d'un texte fondateur par bien des aspects. Nous avions sous-estimé les oppositions que ce texte allait soulever parce nous avions sous-estimé ce que nous étions en train de faire. À force de travailler sur le sujet, nous avions perdu de vue la nouveauté de notre démarche et la force des oppositions qu'elle allait susciter.

GÉRARD BACH-IGNASSE : *Pour vaincre ces oppositions, le vote de l'irrecevabilité le 9 octobre 1998, dû à la présence en plus grand nombre des députés de droite qui ont d'emblée rejeté le texte, a eu un rôle plutôt positif.*

JEAN-PIERRE MICHEL : Cet échec a mobilisé les troupes, et fait prendre conscience aux députés les moins convaincus qu'il y avait un vrai enjeu politique.

PATRICK BLOCHE : L'absence d'une majorité de gauche le 9 octobre n'était pas le signe d'une hostilité des parlementaires de gauche, et encore moins une lâcheté honteuse comme l'ont écrit certains journaux.

C'était tout simplement le signe d'un désintérêt. De jeunes députés, élus en 1997, me disaient deux ou trois jours avant l'ouverture des débats : « Tu sais, ton truc c'est très bien, vous avez bien travaillé, mais ça n'intéresse personne dans nos circonscriptions. » À la suite du 9 octobre, une vague de fax, de coups de téléphone, de réactions a inondé les députés de gauche. Ils se sont aperçus à ce moment-là que le texte intéressait, dans leurs circonscriptions, des gens qui jusqu'alors ne s'étaient pas manifestés. Le 9 octobre a eu une vertu pédagogique évidente : les députés de gauche ont pris conscience des enjeux du texte dont nous débattions, ils se sont mobilisés et nous avons pu reprendre l'offensive.

GÉRARD BACH-IGNASSE : *Heureusement, il y a eu une réaction immédiate, qui a écarté le risque d'abandon du projet.*

JEAN-PIERRE MICHEL : L'action de Catherine Tasca a été déterminante. Lorsque l'exception d'irrecevabilité a été adoptée, dans l'après-midi du 9 octobre, Catherine Tasca nous a immédiatement réunis dans son bureau. Nous avons pris sur-le-champ la décision de rédiger une nouvelle proposition de loi, et de la déposer le soir même. Finalement, la nouvelle proposition de loi n'a pas été déposée le jour même, car il fallait consulter les différentes composantes de la majorité. Mais si nous nous étions laissé aller au découragement, et si la décision n'avait pas été prise aussi rapidement, le risque aurait été grand que le gouvernement choisisse une autre démarche, du type commission d'experts.

PATRICK BLOCHE : Du côté du gouvernement, Élisabeth Guigou a réagi aussi très rapidement, annonçant le soir à la télévision que les députés allaient redéposer la proposition.

GÉRARD BACH-IGNASSE : *Cet exemple du 9 octobre est emblématique de l'ensemble du processus, et des raisons de son aboutissement. Dans toutes les circonstances, même dans les pires périodes où le projet était attaqué de toutes parts, un petit groupe de gens était là pour continuer, pour relancer le processus par des actions, petites ou grandes.*

PATRICK BLOCHE : Ainsi, en 1993, alors qu'il ne restait que très peu de députés socialistes, qu'il n'en restait plus que deux parmi les huit signataires de la proposition de loi originelle, Jean-Pierre Michel a redéposé la proposition de loi et assuré la linéarité du processus parlementaire.

JEAN-PIERRE MICHEL : Ensuite, Adeline Hazan a constitué un groupe de travail au sein du PS, et le bureau national a approuvé son rapport favorable au contrat d'union sociale, et demandé au groupe parlementaire de le mettre en application. L'action du Collectif pour le pacs et de Jan-Paul Pouliquen contribuait aussi à la continuité du mouvement, y compris par des démarches *a priori* surprenantes, comme celle auprès de l'Élysée ou en direction de Toubon.

PATRICK BLOCHE : On mettait continuellement du charbon dans la chaudière, et la locomotive continuait à avancer.

GÉRARD BACH-IGNASSE : *La société civile a joué un rôle prépondérant, ne serait-ce que parce que l'idée du pacs provient d'elle. Dans le même temps, il apparaît que les parlementaires ont eu une importance toute nouvelle dans ce débat. Quels sont les rôles respectifs des uns et des autres ?*

PATRICK BLOCHE : C'est la première fois sous la Ve République qu'est discutée et votée une proposition de loi, c'est-à-dire un texte d'origine parlementaire et non gouvernementale, de cette envergure. Les propositions de loi ont d'habitude d'autres fonctions : soit on est dans l'opposition, et les propositions de loi sont une manière de témoigner de l'intérêt pour une question, soit on est dans la majorité, et les propositions de loi dans le meilleur des cas finissent par faire la matière d'un amendement à un projet de loi du gouvernement. La réforme de l'ordre du jour de l'Assemblée, avec l'apparition des séances mensuelles réservées à l'examen des propositions, a permis que l'on discute davantage des propositions de lois ; il n'en reste pas moins que le vote de la proposition de loi du pacte civil de solidarité constitue un cas exceptionnel.

GÉRARD BACH-IGNASSE : *Les parlementaires ont un peu forcé la main du gouvernement.*

JEAN-PIERRE MICHEL : Le groupe socialiste a effectivement amené le gouvernement d'abord à accepter que le groupe inscrive le texte dans son propre créneau parlementaire, et ensuite à inscrire la discussion à l'ordre du jour prioritaire fixé par le gouvernement. Or cette volonté était présente dès le début, car dès le début le gouvernement savait que ce texte ne pouvait être voté en deux séances.

Dans ce processus d'adoption, le rôle du politique a été déterminant. La société civile a joué son rôle : elle a été présente au travers du Collectif, qui a préparé la proposition de loi, qui avec d'autres associations a entretenu la flamme pendant des années. Mais le politique a refusé de s'en remettre à des experts, comme il lui arrive très souvent de le faire. La droite nous l'a beaucoup reproché, ce à quoi nous avons répondu avec Catherine Tasca : nous ne sommes pas dans une république d'experts. Et nous n'avons pas auditionné tout ce que la faculté de droit en matière civile présente de réactionnaires. Cette méthode diffère de celle suivant laquelle s'est déroulée la réforme du code de nationalité. Le Parlement a fait valoir ses droits, ce qui devrait satisfaire tous ceux qui se soucient tant des droits du Parlement. Or le Parlement procède différemment du gouvernement, qui sur les réformes touchant à la société fait souvent appel à des commissions d'experts avant de présenter des projets de loi.

PATRICK BLOCHE : Au cours du débat, la droite a porté une vision de la vie politique régentée par ce que l'on peut qualifier de gouvernement des juges et des experts. La droite a avancé deux critiques fondamentales. La première : pourquoi voulez-vous légiférer, laissez la jurisprudence – c'est-à-dire les juges – faire évoluer le droit. La deuxième : il ne fallait pas faire une proposition de loi, il fallait faire un projet de loi, parce qu'un projet de loi passe au Conseil d'État, et qu'il est donc soumis à une expertise juridique. Or le Conseil d'État se contente de donner des avis, à charge pour le gouvernement de réécrire le texte.

GÉRARD BACH-IGNASSE : Il est frappant de constater la contradiction entre d'une part l'opposition au pacs des experts de gauche ou de droite, et d'autre part ce que les sondages ont toujours montré, c'est-à-dire l'existence d'une majorité au moins relative de l'opinion en faveur du pacs.

YVES ROUSSEL : *Jusque dans les associations, il y avait des personnes pour défendre cette idée qu'il fallait faire appel à des commissions d'experts, qui procéderaient à des auditions les plus larges possible, et qui dégageraient une solution juste et consensuelle, les députés n'ayant plus qu'à approuver.*

PATRICK BLOCHE : Cela pose le problème de la légitimité. Jean-Pierre Michel et moi-même, nous sommes deux députés sur 577, mais avec les 575 autres, nous constituons la représentation nationale. Est-il une meilleure légitimité que le suffrage universel ? Tout expert, le plus expérimenté soit-il, a quelque chose en moins que nous : la légitimité.

JEAN-PIERRE MICHEL : Dans le débat qui nous réunissait pour la revue *Le Banquet*, la sociologue Irène Théry m'a déclaré : « Vous avez gagné dans le débat d'idées. » C'est une remarque très étonnante, car personne n'a gagné ou perdu ! Dans une logique d'expert, lorsque vous donnez des conseils, ils sont suivis ou ils ne sont pas suivis. Mais la légitimité est du côté du politique et du Parlement. Ce n'est pas pour cela que je considère avoir gagné ! Évidemment, que ce soit Irène Théry ou Daniel Borillo, tous ces universitaires auraient préféré une grande commission qui les réunisse ; c'est un peu la gratification que leur a offerte le Sénat en les auditionnant publiquement.

GÉRARD BACH-IGNASSE : *Alors quels sont les moyens dont dispose un député pour interpréter la volonté ou les souhaits de la société civile ?*

JEAN-PIERRE MICHEL : L'appréhension du député par rapport à son environnement, et à ce qu'il peut faire des demandes sociales qui remontent vers lui, est très subjective et diffère pour chacun d'entre nous. De quelles sollicitations sommes-nous l'objet ? Nous recevons évidemment des piles de courrier : des courriers d'insulte comme des courriers de soutien, venant d'hétérosexuels ou d'homosexuels, y compris de ma circonscription. J'aurais pu considérer ces courriers de soutien comme négligeables, et au contraire être très impressionné par les courriers hostiles ou les manifestes d'insultes que le Front national diffusait dans ma commune pendant la campagne électorale. Cela n'a pas été le cas, ni pour moi ni pour les députés socialistes.

Qu'est-ce qui commande les réactions d'un député de gauche ? Pour ses électeurs, un député de gauche doit faire du social. Il doit combattre le chômage, donner du travail à tout le monde, et sortir les gens de l'exclusion. Quelle est la position des électeurs de ma circonscription de la Haute-Saône ? Une partie est très favorable au pacs depuis le début : ce sont les enseignants, les militants de la CFDT... Mon électorat ouvrier, ceux qu'on appelle les « Peugeot », et qui constituent la majorité de mes électeurs, étaient contre. Soit pour des raisons de fond, qui relèvent de la culture ouvrière, très influencée par le PC, soit parce qu'ils ne comprenaient pas que je consacre mon temps à cela, plutôt qu'à des problèmes à leurs yeux plus importants.

PATRICK BLOCHE : Dans ma circonscription parisienne, les réactions ont été différentes. Dans un premier temps, je n'ai reçu absolument aucune lettre critique à l'égard de la proposition. C'est seulement dans un second temps que j'ai commencé à recevoir des lettres critiques de ma circonscription, dont le contenu s'apparentait aux thèses d'Irène Théry ou de Robert Badinter. La médiatisation dont a fait l'objet cette prétendue critique de gauche du pacs a fait apparaître les premiers courriers critiques venant de ma circonscription. Maintenant, interpréter les vœux de la société civile, pour le député que je suis, a consisté à relayer une revendication sociétale portée par le Collectif pour le pacs.

YVES ROUSSEL : *Certaines associations accusent de manière récurrente la gauche de promettre beaucoup de choses sur le terrain sociétal, et de ne jamais tenir ses promesses. Mais quelle est la place réelle des questions de société dans ce qui détermine le programme de la gauche, et ce qui mobilise ses électeurs ?*

PATRICK BLOCHE : Dans le programme des organisations politiques de gauche, par exemple lors des élections de 1997, les réformes sociétales n'occupent pas une place déterminante. Si ces réformes sont évoquées, c'est d'abord pour mettre l'accent sur le thème de la démocratie : il s'agit de réaliser des avancées démocratiques, ce qui peut s'appliquer au terrain sociétal. Sinon, les priorités des programmes électoraux sont avant tout d'ordre économique et social. Jospin avait promis le pacs, mais il ne l'avait pas placé au rang des priorités. Or, le pacs est arrivé très tôt dans la législature, il lui a été consacré énormément de temps, et il est devenu la référence, avec la parité, de la capacité de changement et de réforme dans le bilan de l'action gouvernementale, face aux accusations d'immobilisme. Il est moins facile de marquer le changement sur le terrain économique et social. Il y a eu les emplois jeunes, la couverture maladie universelle, la lutte contre les exclusions, mais ça ne suffit pas à manifester une volonté de réforme de la société. Dans le cas des 35 heures, les arguments utilisés justifient les 35 heures par la création d'emploi, et ne mettent pas l'accent sur le temps libre et sur la manière dont est modifiée l'organisation de la vie des gens. Ce dernier aspect relève de la dimension sociétale, et j'ai été un des rares à m'exprimer sur son importance.

YVES ROUSSEL : *Le sociétal n'est peut-être pas si constitutif que cela de l'identité politique de la gauche.*

JEAN-PIERRE MICHEL : Il l'est quand même : l'abolition de la peine de mort, le vote des députés de gauche lors de la loi sur l'avortement, lors de la réforme du divorce, lors de la réforme de la filiation. La réforme de la filiation permet à quelqu'un qui se marie, et qui a un enfant ailleurs, de le reconnaître ; cet enfant portera son nom, et il aura des droits en matière de succession. Aux yeux de ceux qui soutiennent une vision traditionnelle de la famille, cette réforme est pire que le pacs !

YVES ROUSSEL : *Quelle action politique peut-il exister en matière de mœurs ?*

PATRICK BLOCHE : En général, la droite est conservatrice en matière de mœurs, même s'il peut y avoir des fractions modernistes dans la droite. En ce qui concerne la gauche, après avoir longuement attendu l'alternance, ses choix d'actions se sont toujours inscrits dans le champ économique et social. Les principaux projets de loi, les actions gouvernementales, relèvent en priorité de ce champ-là, et la dimension sociétale est prise en compte une fois que les priorités de dimension économique et sociale sont atteintes.

GÉRARD BACH-IGNASSE : *Mais on remarque qu'en un délai très court, deux réformes, la parité et le pacs, ont donné en quelques mois le signe d'un changement.*

PATRICK BLOCHE : C'est tout à fait passionnant. L'urgence sociale est constituée par un chômage massif, par des enjeux économiques importants. Mais l'urgence sociale a été bousculée par l'intervention de la société, qui a souhaité qu'on légifère sur des problèmes à dimension sociétale.

YVES ROUSSEL : *Le processus qu'a constitué l'adoption du pacs est révélateur du fonctionnement démocratique, et vous avez souligné le rôle du Parlement comme lieu de légitimité. Nous aimerions faire partager les leçons politiques de ce processus et expliquer comment on peut réaliser une réforme de cette ampleur par la voie politique.*

JEAN-PIERRE MICHEL : Sur le rapport au politique, j'ai été très étonné par la démarche de l'association Aides. Aides a élaboré sa proposition de contrat de vie sociale, défendue par Yan Pedler. À l'époque, une seule proposition de loi était déposée à l'Assemblée nationale, celle que j'avais présentée sous l'intitulé de contrat d'union civile. Nous nous sommes rencontrés, Aides, le Collectif et moi-même, et nous avons abouti à un accord sur un nouveau texte, le contrat d'union sociale. À l'étape suivante, les responsables de Aides nous expliquent que Simone Veil est leur présidente d'honneur, qu'elle connaît beaucoup de gens, qu'il suffit de les contacter pour qu'ils déposent une proposition de loi inter-groupe. Une telle idée prouve une méconnaissance absolue du fonctionnement du politique. Nous étions tout à fait prêts à signer à titre personnel avec n'importe quel autre député, quelle que soit son appartenance politique. Mais nous avons attendu les signatures en vain. Nous avions encore cette expérience en mémoire quand nous avons auditionné en septembre 1998 Daniel Borillo et Caroline Mécary, qui représentaient Aides et le Syndicat des avocats de France. Il était particulièrement scandaleux de les entendre dire que le pacs était de la bouillie pour les chats, alors que les propres tentatives de Aides n'avaient abouti à rien, c'est-à-dire n'avaient pas abouti à ce qu'un texte soit déposé par un député. Or, n'en déplaise à certains, les lois sont votées par les députés, pas par les militants associatifs.

PATRICK BLOCHE : Refaisons l'histoire. Émettons l'idée qu'en 1991 des associations aient formulé la revendication d'un statut spécifique pour les couples homosexuels, et que, tout républicains que nous sommes, nous ayons porté cette revendication. Il est bien possible que ce sentiment républicain se soit manifesté chez les députés de la majorité et qu'ils aient demandé : pourquoi voulez-vous qu'on vote un texte communautariste ? Nous avons choisi de soutenir un texte en accord avec nos idées, mais aussi un texte qui correspondait à la sensibilité majoritaire de la représentation nationale. Car ce sont les députés qui votent la loi, ce qu'avaient parfaitement compris les militants du Collectif pour le pacs, probablement pour des raisons historiques. Ils appartiennent en effet à cette militance homosexuelle des années 70, voire des années 80, qui avait une formation politique et qui en plus connaissait bien le fonctionnement des institutions et la manière de les faire bouger.

YVES ROUSSEL : *On a le sentiment que ce type de militance homosexuelle, avec une formation politique et une vision politique d'ensemble, n'existe pratiquement plus. La façon de poser les problèmes, y compris les plus pertinents, relève apparemment de la position de victime, en attitude de perpétuelle demande de réparation à l'égard de l'État et de la souveraineté.*

GÉRARD BACH-IGNASSE : *C'est une attitude profondément ancrée dans la société d'aujourd'hui : on parle, on participe à des reality shows, on témoigne, on soulève des problèmes. Et on estime que tout est réglé une fois le témoignage rendu public.*

Quelle continuation voyez-vous à ces débats ouverts avec l'adoption du pacs ?

JEAN-PIERRE MICHEL : La mise en œuvre du pacs ouvre le débat sur la situation réciproque des partenaires dans un couple. Y a-t-il forcément dans un couple quelqu'un de plus faible que l'autre, comme tend à le faire croire une argumentation qui me paraît démodée ? Est-ce que le droit est fait pour protéger une des personnes par rapport à l'autre ? Est-ce qu'on vit toujours aujourd'hui dans une situation aussi inégalitaire de la femme par rapport à l'homme ? La vision plus égalitaire du pacs, qui ne protège pas *a priori*, mais uniquement en cas d'abus, devrait avoir une répercussion sur la réforme du divorce. La réflexion porte aussi sur les régimes de succession : le pacs marque un progrès en faveur des liens de vie par rapport aux liens avec les ascendants et les descendants. Enfin il y a le débat sur la parentalité, mais nous ne manquerons pas d'occasions d'y revenir.

PATRICK BLOCHE : En ce qui concerne spécifiquement l'homosexualité, il y a encore du dépoussiérage à faire, par exemple permettre aux associations homosexuelles d'ester en justice ; mais tout cela s'inscrira, non pas dans une logique d'exacerbation des différences, mais dans une logique qui gommera les différences. L'exemple du pacs va aussi profondément marquer les débats à venir, en particulier les débats sur les problèmes sociétaux. Très souvent, on part de textes existants qu'on travaille, qu'on modifie, mais sans remise en compte fondamentale à la fois d'un point de vue juridique et d'un point de vue politique. Le pacs a montré que l'on pouvait faire preuve d'une démarche beaucoup plus originale.

Postface

Le pacs dans la République

Arles, janvier 1876. La France venait juste de redevenir républicaine (presque) par hasard et par une voix de majorité. Léon Gambetta, l'un des principaux hommes politiques du moment, faisait campagne pour les premières élections sénatoriales de la IIIe République. S'adressant aux délégués qui iraient à la préfecture, quelques jours plus tard, élire les sénateurs du département, il déclara : « Jusqu'à ce jour, la politique avait été réservée à une élite plus ou moins éclairée, plus ou moins capable, abritée derrière de grands airs de dédain, injurieuse pour les petits et gonflée outre mesure du sentiment de sa valeur ; aujourd'hui, toute la politique, jusque-là réservée à quelques-uns, à une oligarchie jalouse, [...] va tomber dans les mains de tous ceux qui travaillent ou pensent, et, les associant dans les mêmes efforts pour atteindre le même but, leur donne une même part de droits et de responsabilités [1]. »

Comment mieux dire que le pacte civil de solidarité est une loi d'inspiration républicaine ? Des militants, des citoyennes et des citoyens ont renvoyé à leurs études des expert(e)s, une « élite plus ou moins éclairée... » qui, faute de s'être intéressés à temps à une délicate question de société, en qualifia la réponse de

1. Cité par Pierre Antonmattei, *Gambetta, héraut de la République*, Michalon, Paris, 1999.

« monstre juridique ». Ce qui ne les empêche pas de s'apprêter à en revendiquer la paternité sitôt leurs propos d'estrades sortis des mémoires... Mais des militants, sûrs de leur bon droit de citoyens, sont parvenus à convaincre les élus de la Nation et ces derniers en ont fait la loi de la République. Non sans avoir su améliorer la forme juridique sans remettre en cause le fond.

Car le fond même du pacs en fait une seconde fois un texte d'inspiration républicaine. Il refuse de considérer les citoyens en morceaux, en catégories, en « communautés » aux contours d'ailleurs assez flous, et leur propose une façon nouvelle d'organiser leur vie à deux, sans s'intéresser au sexe des partenaires ni préjuger de la nature des liens qui les rassemblent. Il reconnaît la sphère publique de la vie de chaque citoyen, ses relations avec le reste de la société, et l'organise dans l'équité et la justice. Il conçoit la sphère privée inhérente à chacun de nous, nos relations intimes, comme un élément constitutif de la liberté individuelle qui ne saurait servir à nous classer.

Le double engagement républicain du pacs n'est pas dogmatique. Il est avant tout concret. Comme rien ne différenciait fondamentalement la situation matérielle d'un couple homosexuel de celle d'un couple hétérosexuel non marié et de celle d'un couple d'amis vivant ensemble, une solution commune à ces diverses situations s'est imposée. Parce que c'était le seul moyen de faire progresser cette idée, cette « solution commune », le Collectif pour le pacs s'est constitué pour la faire partager. Et le pacs a d'abord eu un soutien populaire avant de disposer d'un soutien politique.

Mais parce que la République n'est parfois comprise que comme un régime politicien et non comme un mode élaboré d'organisation de la société, il s'est trouvé de curieux opposants au pacs. Cherchant davantage à ce que la société leur délivre un certificat de bonne conduite et redoutant de devoir quitter une posture de victime savamment cultivée sur un terreau, hélas, propice, quelques activistes homosexuels le critiquèrent violemment. Au passage, n'est-il pas un peu dérisoire de fonder une pensée politique sur une sexualité ? Cette attitude n'est pas seulement le dernier avatar du « syndrome de la petite popote mijotée dans sa petite marmite ». Elle est aussi l'expression d'un manque d'éducation politique qui empêche de dépasser le stade de la revendication, de la réclamation ou de la « colère ». Dans l'histoire du pacs, ce stade fut le premier. Mais la seconde étape – la réflexion sur le fond et la stratégie – n'a pas tardé. Quand on prétend agir en politique, c'est-à-dire prendre part à la vie et à l'organisation de la société, on ne peut se borner à constater. Il faut très vite proposer et, dans un régime démocratique comme le nôtre, convaincre.

Les autres oppositions, plus « traditionnelles », n'en furent pas moins navrantes. Ainsi, quelques parlementaires, remettant encore en cause le principe de la laïcité, ont tenté de ranimer les vieux démons de l'ordre moral cher aux religions... D'autres, les plus nombreux mais finalement minoritaires, renonçant à leur rôle d'« éclaireurs d'opinion », ont passé leur temps à courir derrière ce qu'ils croient être l'avis de leurs électeurs. Plus qu'un véritable aveu de la méconnaissance qu'ils ont de la société, c'est l'expression du mépris qu'ils affichent à l'endroit de celles et ceux qui les ont élus. Quelques autres, enfin, se sont réfugiés derrière de pseudo-arguments juridiques qui ne pouvaient convaincre que leurs auteurs. Mais la République ne doit pas être celle des avocats et des notaires. Elle doit rester celle de tout le Peuple !

Le débat sur le pacte civil de solidarité fut long : Huit ans ! Il a été dense, souvent tranché. Après l'avoir initié, nous y avons pris part de bout en bout. Comme tout débat passionné, il laissera des blessures. Mais il laissera aussi un baume pour les apaiser : un recul significatif de l'homophobie, une des multiples facettes du racisme. Parce que à force de discuter d'une loi pour toutes et tous, nous avons amené nos concitoyens, nos voisins, nos collègues de travail, nos amis, à considérer – autrement qu'en caricature – les différentes parties de ce tout. Et l'idée que des personnes différentes peuvent cultiver leurs points communs et appartenir à une même société, en somme être des citoyennes et des citoyens, a avancé pendant ces années. C'est la liberté de chacun autant que la cohésion sociale qui y ont gagné. Les combattants du pacs, citoyens, militants, élus, peuvent en être satisfaits et fiers.

Deux mois avant l'an 2000, la France est devenue un tout petit peu plus républicaine, par la volonté et par plus de soixante voix de majorité.

Jan-Paul Pouliquen et Denis Quinqueton,
président et secrétaire général du
Collectif national pour le pacs.

Annexe

Loi n° 99-944 du 15 novembre 1999 relative au pacte civil de solidarité

NOR : JUSX9803236L

L'Assemblée nationale et le Sénat ont délibéré,

L'Assemblée nationale a adopté,

Vu la décision du Conseil constitutionnel n° 99-419 DC en date du 9 novembre 1999 ;

Le Président de la République promulgue la loi dont la teneur suit :

Article 1er

Le livre Ier du code civil est complété par un titre XII ainsi rédigé :

« TITRE XII

« DU PACTE CIVIL DE SOLIDARITÉ
ET DU CONCUBINAGE

« Chapitre Ier

« Du pacte civil de solidarité

« Art. 515-1. – Un pacte civil de solidarité est un contrat conclu par deux personnes physiques majeures, de sexe différent ou de même sexe, pour organiser leur vie commune.

« Art. 515-2. – À peine de nullité, il ne peut y avoir de pacte civil de solidarité :

« 1° Entre ascendant et descendant en ligne directe, entre alliés en ligne directe et entre collatéraux jusqu'au troisième degré inclus ;

« 2° Entre deux personnes dont l'une au moins est engagée dans les liens du mariage ;

« 3° Entre deux personnes dont l'une au moins est déjà liée par un pacte civil de solidarité.

« Art. 515-3. – Deux personnes qui concluent un pacte civil de solidarité en font la déclaration conjointe au greffe du tribunal d'instance dans le ressort duquel elles fixent leur résidence commune.

« À peine d'irrecevabilité, elles produisent au greffier la convention passée entre elles en double original et joignent les pièces d'état civil permettant d'établir la validité de l'acte au regard de l'article 515-2 ainsi qu'un certificat du greffe du tribunal d'instance de leur lieu de naissance ou, en cas de naissance à l'étranger, du greffe du tribunal de grande instance de Paris, attestant qu'elles ne sont pas déjà liées par un pacte civil de solidarité.

« Après production de l'ensemble des pièces, le greffier inscrit cette déclaration sur un registre.

« Le greffier vise et date les deux exemplaires originaux de la convention et les restitue à chaque partenaire.

« Il fait porter mention de la déclaration sur un registre tenu au greffe du tribunal d'instance du lieu de naissance de chaque partenaire ou, en cas de naissance à l'étranger, au greffe du tribunal de grande instance de Paris.

« L'inscription sur le registre du lieu de résidence confère date certaine au pacte civil de solidarité et le rend opposable aux tiers.

« Toute modification du pacte fait l'objet d'une déclaration conjointe inscrite au greffe du tribunal d'instance qui a reçu l'acte initial, à laquelle est joint, à peine d'irrecevabilité et en double original, l'acte portant modification de la convention. Les formalités prévues au quatrième alinéa sont applicables.

« À l'étranger, l'inscription de la déclaration conjointe d'un pacte liant deux partenaires dont l'un au moins est de nationalité française et les formalités prévues aux deuxième et quatrième alinéas sont assurées par les agents diplomatiques et consulaires français ainsi que celles requises en cas de modification du pacte.

« Art. 515-4. – Les partenaires liés par un pacte civil de solidarité s'apportent une aide mutuelle et matérielle. Les modalités de cette aide sont fixées par le pacte.

« Les partenaires sont tenus solidairement à l'égard des tiers des dettes contractées par l'un d'eux pour les besoins de la vie courante et pour les dépenses relatives au logement commun.

« Art. 515-5. – Les partenaires d'un pacte civil de solidarité indiquent, dans la convention visée au deuxième alinéa de l'article 515-3, s'ils entendent soumettre au régime de l'indivision les meubles meublants dont ils feraient l'acquisition à titre onéreux postérieurement à la conclusion du pacte. À défaut, ces meubles sont présumés indivis par moitié. Il en est de même lorsque la date d'acquisition de ces biens ne peut être établie.

« Les autres biens dont les partenaires deviennent propriétaires à titre onéreux postérieurement à la conclusion du pacte sont présumés indivis par moitié si l'acte d'acquisition ou de souscription n'en dispose autrement.

« Art. 515-6. – Les dispositions de l'article 832 sont applicables entre partenaires d'un pacte civil de solidarité en cas de dissolution de celui-ci, à l'exception de celles relatives à tout ou partie d'une exploitation agricole, ainsi qu'à une quote-part indivise ou aux parts sociales de cette exploitation.

« Art. 515-7. – Lorsque les partenaires décident d'un commun accord de mettre fin au pacte civil de solidarité, ils remettent une déclaration conjointe écrite au greffe du tribunal d'instance dans le ressort duquel l'un d'entre eux au moins a sa résidence. Le greffier inscrit cette déclaration sur un registre et en assure la conservation.

« Lorsque l'un des partenaires décide de mettre fin au pacte civil de solidarité, il signifie à l'autre sa décision et adresse copie de cette signification au greffe du tribunal d'instance qui a reçu l'acte initial.

« Lorsque l'un des partenaires met fin au pacte civil de solidarité en se mariant, il en informe l'autre par voie de signification et adresse copies de celle-ci et de son acte de naissance, sur lequel est portée mention du mariage, au greffe du tribunal d'instance qui a reçu l'acte initial.

« Lorsque le pacte civil de solidarité prend fin par le décès de l'un au moins des partenaires, le survivant ou tout intéressé adresse copie de l'acte de décès au greffe du tribunal d'instance qui a reçu l'acte initial.

« Le greffier, qui reçoit la déclaration ou les actes prévus aux alinéas précédents, porte ou fait porter mention de la fin du pacte en marge de l'acte initial. Il fait également procéder à l'inscription de cette mention en marge du registre prévu au cinquième alinéa de l'article 515-3.

« À l'étranger, la réception, l'inscription et la conservation de la déclaration ou des actes prévus aux quatre premiers alinéas sont assurées par les agents diplomatiques et consulaires français, qui procèdent ou font procéder également aux mentions prévues à l'alinéa précédent.

« Le pacte civil de solidarité prend fin, selon le cas :

« 1° Dès la mention en marge de l'acte initial de la déclaration conjointe prévue au premier alinéa ;

« 2° Trois mois après la signification délivrée en application du deuxième alinéa, sous réserve qu'une copie en ait été portée à la connaissance du greffier du tribunal désigné à cet alinéa ;

« 3° À la date du mariage ou du décès de l'un des partenaires.

« Les partenaires procèdent eux-mêmes à la liquidation des droits et obligations résultant pour eux du pacte civil de solidarité. À défaut d'accord, le juge statue sur les conséquences patrimoniales de la rupture, sans préjudice de la réparation du dommage éventuellement subi. »

Article 2

Après l'article 506 du code civil, il est inséré un article 506-1 ainsi rédigé :

« Art. 506-1. – Les majeurs placés sous tutelle ne peuvent conclure un pacte civil de solidarité.

« Lorsque au cours d'un pacte civil de solidarité l'un des partenaires est placé sous tutelle, le tuteur autorisé par le conseil de famille ou, à défaut, le juge des tutelles peut mettre fin au pacte selon les modalités prévues au premier ou au deuxième alinéa de l'article 515-7.

« Lorsque l'initiative de rompre le pacte est prise par l'autre partenaire, la signification mentionnée aux deuxième et troisième alinéas du même article est adressée au tuteur. »

Article 3

Le titre XII du livre Ier du code civil est complété par un chapitre II ainsi rédigé :

« Chapitre II

« Du concubinage

« Art. 515-8. – Le concubinage est une union de fait, caractérisée par une vie commune présentant un caractère de stabilité et de continuité, entre deux personnes, de sexe différent ou de même sexe, qui vivent en couple. »

Article 4

I. – Le 1 de l'article 6 du code général des impôts est complété par un alinéa ainsi rédigé :

« Les partenaires liés par un pacte civil de solidarité défini à l'article 515-1 du code civil font l'objet, pour les revenus visés au premier alinéa, d'une imposition commune à compter de l'imposition des revenus de l'année du troisième anniversaire de l'enregistrement du pacte. L'imposition est établie à leurs deux noms, séparés par le mot : " ou ". »

II. – Après le 6 de l'article 6 du code général des impôts, il est inséré un 7 ainsi rédigé :

« 7. Chacun des partenaires liés par un pacte civil de solidarité est personnellement imposable pour les revenus dont il a disposé l'année au cours de laquelle le pacte a pris fin dans les conditions prévues à l'article 515-7 du code civil.

« Lorsque les deux partenaires liés par un pacte civil de solidarité et soumis à imposition commune contractent mariage, les dispositions du 5 ne s'appliquent pas.

« En cas de décès de l'un des partenaires liés par un pacte civil de solidarité et soumis à imposition commune, le survivant est personnellement imposable pour la période postérieure au décès. »

III. – Les règles d'imposition et d'assiette, autres que celles mentionnées au dernier alinéa du 1 et au 7 de l'article 6 du code général des impôts, les règles de liquidation et de paiement de l'impôt sur le revenu et des impôts directs locaux ainsi que celles concernant la souscription des déclarations et le contrôle des mêmes impôts prévus par le code général des impôts et le livre des procédures fiscales pour les contribuables mentionnés au deuxième alinéa du 1 de l'article 6 du code général des impôts s'appliquent aux partenaires liés par un pacte civil de solidarité qui font l'objet d'une imposition commune.

Article 5

I. – Il est inséré, dans le code général des impôts, un article 777 bis ainsi rédigé :

« Art. 777 bis. – La part nette taxable revenant au partenaire lié au donateur ou au testateur par un pacte civil de solidarité défini à l'article 515-1 du code civil est soumise à un taux de 40 % pour la fraction n'excédant pas 100 000 F et à un taux de 50 % pour le surplus.

« Ces taux ne s'appliquent aux donations que si, à la date du fait générateur des droits, les partenaires sont liés depuis au moins deux ans par un pacte civil de solidarité. »

II. – À l'article 780 du code général des impôts, les mots : « article 777 » sont remplacés par les mots : « articles 777, 777 bis ».

III. – L'article 779 du code général des impôts est complété par un III ainsi rédigé :

« III. – Pour la perception des droits de mutation à titre gratuit, il est effectué un abattement de 300 000 F sur la part du partenaire lié au donateur ou au testateur par un pacte civil de solidarité défini à l'article 515-1 du code civil. Pour les mutations à titre gratuit entre vifs consenties par actes passés à compter du 1er janvier 2000 et pour les successions ouvertes à compter de cette date, le montant de l'abattement est de 375 000 F.

« Cet abattement ne s'applique aux donations que si, à la date du fait générateur des droits, les partenaires sont liés depuis au moins deux ans par un pacte civil de solidarité. »

Article 6

I. – Après le quatrième alinéa de l'article 885-A du code général des impôts, il est inséré un alinéa ainsi rédigé :

« Les partenaires liés par un pacte civil de solidarité défini par l'article 515-1 du code civil font l'objet d'une imposition commune. »

II. – Au II de l'article 885 W du code général des impôts, après les mots : « Les époux », sont insérés les mots : « et les partenaires liés par un pacte civil de solidarité défini par l'article 515-1 du code civil ».

III. – À l'article 1723 ter-00 B du code général des impôts, après les mots : « Les époux », sont insérés les mots : « et les partenaires liés par un pacte civil de solidarité défini par l'article 515-1 du code civil ».

Article 7

Le premier alinéa de l'article L. 161-14 du code de la Sécurité sociale est complété par une phrase ainsi rédigée :

« Il en est de même de la personne liée à un assuré social par un pacte civil de solidarité lorsqu'elle ne peut bénéficier de la qualité d'assuré social à un autre titre. »

Article 8

Les dispositions des articles L. 223-7, L. 226-1, quatrième alinéa, et L. 784-1 du code du travail sont applicables aux partenaires liés par un pacte civil de solidarité.

Article 9

Le dernier alinéa de l'article L. 361-4 du code de la Sécurité sociale est ainsi rédigé :

« Si aucune priorité n'est invoquée dans un délai déterminé, le capital est attribué au conjoint survivant non séparé de droit ou de fait, au partenaire auquel le défunt était lié par un pacte civil de solidarité ou à défaut aux descendants et, dans le cas où le de cujus ne laisse ni conjoint survivant, ni partenaire d'un pacte civil de solidarité, ni descendants, aux ascendants. »

Article 10

Le deuxième alinéa de l'article L. 523-2 du code de la Sécurité sociale est ainsi rédigé :

« Lorsque le père ou la mère titulaire du droit à l'allocation de soutien familial se marie, conclut un pacte civil de solidarité ou vit en concubinage, cette prestation cesse d'être due. »

Article 11

Le deuxième alinéa (1°) de l'article L. 356-3 du code de la Sécurité sociale est ainsi rédigé :

« 1° Se remarie, conclut un pacte civil de solidarité ou vit en concubinage ; ».

Article 12

La conclusion d'un pacte civil de solidarité constitue l'un des éléments d'appréciation des liens personnels en France, au sens du 7° de l'article 12 bis de l'ordonnance n° 45-2658 du 2 novembre 1945 relative aux conditions d'entrée et de séjour des étrangers en France, pour l'obtention d'un titre de séjour.

Article 13

I. – Dans la deuxième phrase du quatrième alinéa de l'article 60 de la loi n° 84-16 du 11 janvier 1984 portant dispositions statutaires relatives à la fonction publique de l'État, après les mots : « raisons professionnelles », sont insérés les mots : « aux fonctionnaires séparés pour des raisons professionnelles du partenaire avec lequel ils sont liés par un pacte civil de solidarité ».

II. – Dans l'article 62 de la loi n° 84-16 du 11 janvier 1984 précitée, après les mots : « raisons professionnelles », sont insérés les mots : « les fonctionnaires séparés pour des raisons professionnelles du partenaire avec lequel ils sont liés par un pacte civil de solidarité ».

III. – Dans les premier et deuxième alinéas de l'article 54 de la loi n° 84-53 du 26 janvier 1984 portant dispositions statutaires relatives à la fonction publique territoriale, après les mots : « raisons professionnelles », sont insérés les mots : « les fonctionnaires séparés pour des raisons professionnelles du partenaire avec lequel ils sont liés par un pacte civil de solidarité ».

IV. – Dans l'article 38 de la loi n° 86-33 du 9 janvier 1986 portant dispositions statutaires relatives à la fonction publique hospitalière, après les mots : « raisons professionnelles », sont insérés les mots : « les fonctionnaires séparés pour des raisons professionnelles du partenaire avec lequel ils sont liés par un pacte civil de solidarité ».

Article 14

I. – Après le troisième alinéa de l'article 14 de la loi n° 89-462 du 6 juillet 1989 tendant à améliorer les rapports locatifs et portant modification de la loi n° 86-1290 du 23 décembre 1986, il est inséré un alinéa ainsi rédigé :

« – au profit du partenaire lié au locataire par un pacte civil de solidarité ; ».

II. – Après le septième alinéa du même article 14, il est inséré un alinéa ainsi rédigé :

« – au partenaire lié au locataire par un pacte civil de solidarité ; ».

III. – Dans la deuxième phrase du premier alinéa du I de l'article 15 de la même loi, après les mots : « bailleur, son conjoint », sont insérés les mots : « le partenaire auquel il est lié par un pacte civil de solidarité enregistré à la date du congé ».

IV. – Dans la deuxième phrase du premier alinéa du I du même article 15, après les mots : « ceux de son conjoint », le mot : « ou » est remplacé par les mots : « de son partenaire ou de son ».

Article 15

Les conditions d'application de la présente loi sont fixées par décrets en Conseil d'État.

Le décret relatif aux conditions dans lesquelles sont traitées et conservées les informations relatives à la formation, la modification et la dissolution du pacte civil de solidarité est pris après avis de la Commission nationale de l'informatique et des libertés.

La présente loi sera exécutée comme loi de l'État.

Fait à Paris, le 15 novembre 1999.

Par le Président de la République :
Jacques Chirac

Le Premier ministre,
Lionel Jospin

La ministre de l'Emploi et de la Solidarité,
Martine Aubry

Le Garde des Sceaux, ministre de la Justice,
Élisabeth Guigou

Le ministre de l'Intérieur,
Jean-Pierre Chevènement

Le ministre des Affaires étrangères,
Hubert Védrine

Le ministre de l'Économie,
des Finances et de l'Industrie,
Christian Sautter

Le ministre de l'Équipement,
des Transports et du Logement,
Jean-Claude Gayssot

Le ministre de la Fonction publique,
de la Réforme de l'État et de la Décentralisation,
Émile Zuccarelli

Cet ouvrage a été réalisé
par la Société Nouvelle Firmin-Didot
Mesnil-sur-l'Estrée
pour le compte des Éditions Denoël
en janvier 2000

Imprimé en France
Dépôt légal : février 2000
N° d'édition : 9224 – N° d'impression : 49709